새로운 세대의 탄생

새로운 세대의 탄생

세월호 참사에 대한 기억의 의무

인디고 서원 엮음

궁리
KungRee

새로운 윤리적 세대의 탄생

2014년 4월 16일. 이 책은 세월호 참사에 대한 기억의 의무로 시작합니다. 아무리 생각해보아도 여전히 믿기지 않는 세월호 사고는 시대의 절망이자 비극입니다. 우리 사회 속에 숨겨진 수만 가지의 문제들을 적나라하게 보여준 너무나도 고통스러운 사건이었습니다. 그러나 이 사건을 단순한 재난으로 생각해서는 안 됩니다. 가자지구의 아이들이 무자비하게 날아든 포탄에 잔인하게 살해당하고, 후쿠시마의 아이들이 핵발전소 붕괴 이후 속수무책으로 병들어가고 있는 것 역시 마찬가지입니다. 이는 기성의 가치체계가 이제 더 이상 아이들을 구해내지도, 지켜주지도 못한다는 것을 분명히 증명하는 병든 현실의 뼈아픈 단면입니다. 준엄하게 잘못을 인정해야 하고, 철저하게 다시 생각해야 하며, 대담하게 변화해야 하는 시점입니다.

세월호 참사로 목숨을 잃은 사람들의 분향소에는 그들의 이름이 없었습니다. 죽은 이들 모두 이름이 없는 자들이었습니다. 그리고 우리 중 대다수가 그 이름 없는 자들이기도 합니다. 결정적인 순간에 어떠한 권력도 능력도 갖지 못한 우리는 모두 잠재적 피해자이기 때문입니다. 그렇기에 젊은 세대들이 현재 겪는 무기력과 공허함은 이루 말할 수 없습니다. 전 지구적으로 일어나는 크고 작은 참사들과 직면하면서, 과연 더 나은 세계를 희망하는 것이 가능한 일일까 의문이 듭니다. 하지만 그를 절망으로 안고 살 것인가, 아니면 이를 딛고 더 나은 삶을 재건할 것인가의 문제는 전적으로 우리들 손에 달려 있습니다.

지난 10년, 청소년을 위한 인문학 서점 인디고 서원은 쓸모 있는 인문주의의 실천을 끊임없이 꿈꿔왔습니다. 점점 더 아이들의 목을 조르는 교육 시스템과 비윤리적인 행태가 극명하게 드러나는 정치, 이 모든 것들은 이제 그만 현실에 수긍하고 체제에 안주하기를 끊임없이 요청합니다. 인문적 가치를 실현하는 것은 너무나 멀고 허황된 것으로 치부되며, 인문학조차 자본주의 시스템 아래 아무렇게나 소비되는 모습은 정의로운 세상을 희망하기 어렵게 합니다.

하지만 이곳에서 함께 꿈꾸고 있는 청소년들과 청년들은 이 현실을 외면하지 않고 맞서려고 합니다. 올바르고 아름다운 것들을 지향하는 감각을 기르는 것, 이전 세대에서는 불가능했던 기회와 가능성을 창조할 수 있는 능력을 키우는 것, 그리고 공동선을 향해 나아가기 위한 성찰을

끈기 있게 해내는 것. 이러한 도전과 노력을 통해서 윤리적 선택에 대한 요구가 개개인의 목소리가 아닌 사회를 움직이는 한 세대의 목소리로 거듭날 때 비로소 새로운 세대는 탄생할 수 있을 것입니다.

지금 청소년 세대는 가장 윤리적일 수 있는 조건을 충분히 가진 최초의 세대입니다. 역사상 가장 많은 교육을 받은 세대이며, 가장 다양한 문화에 열려 있는 세대입니다. 또한 내가 하는 행위가 지구 반대편에 어떤 영향을 미치는지를 즉각적으로 확인할 수 있는 기술을 가진 세계화 세대이기도 합니다. 그러므로 지금 시대를 살아가는 청소년들은 더 현명해지고 더 윤리적이며 더 아름답고 더 지혜로운 세대로 거듭나야 합니다. 기성의 언어로는 규정지을 수 없는 창조적인 세대, 누군가에 의해서 이름 붙여지는 것이 아니라, 스스로 이름을 만들어갈 수 있는 세대, 우리는 그러한 새로운 세대를 탄생시켜야 하며, 그 세대는 그 누구도 아닌 바로 지금을 살아가는 우리여야 합니다.

이 책은 새로운 윤리적 세대가 되고자 하는 청소년들과 청년들이 이 사회를 향해 외친 의분과 정의의 목소리입니다. 그리고 이들의 목소리에 뜨겁게 답하셨던 선생님들의 참회와 재건의 목소리입니다. 시대의 어둠과 절망을 뚫고 갈 수 있도록 용기를 나누어주시길 부탁드렸던 요청에 기꺼이 응답해주신 김선우 선생님, 박명림 선생님, 이왕주 선생님, 이정우 선생님, 한홍구 선생님, 그리고 책에 다 싣진 못했지만 삶으로 정의를 실천하고 계신 모든 선생님들께 이 자리를 빌려 진심으로 감사의 말씀을 드립니다.

  그리고 무엇보다 세월호 참사로 세상을 떠난 희생자분들의 안식과 명복을 빕니다. 그들의 사랑하는 가족과 친구들의 아픔 그리고 우리 시대의 상처를 보듬어 반드시 좋은 사회를 만들어갈 것을 약속하겠습니다. 이것이 세월호를 구출할 유일한 방법임을, 새로운 세대의 첫 번째 임무임을 잊지 않겠습니다.

2014년 8월

인디고 서원에서

이윤영

차례

| 서문 | 새로운 윤리적 세대의 탄생 — 5

1부 책임진다는 것은 응답하는 것이다

1 · 세월호 참사, 우리는 기억의 의무를 기꺼이 져야 한다 —————— 17

2 · 진실에 대한 용기, 정의에 대한 필요 —————————————— 49

3 · 새로운 세대, 사랑과 희망의 전사 바리가 되다 ————————— 63

4 · 선생님, 울어도 됩니다 ———————————————————— 77

5 · 2014년 4월 16일 ——————————————————————— 93

카디시와 이스코르 | 박용준 | — 106

2부 절망의 시대, 희망의 길을 묻다

1 · 잊지 않는다는 것은 함께 만든다는 것 | 박명림 | ————————— 119

2 · 살아남은 자의 의무, 희망 | 한홍구 | ——————————————— 171

3 · 우리를 구원하는 물음 | 김선우 | ————————————————— 197

4 · 상처받기를 두려워하지 말아라 | 이왕주 | ————————————— 215

5 · 양심과 정의를 믿고 묵묵히 정진하기 바랍니다 | 이정우 | ————— 237

1부

책임진다는 것은
응답하는 것이다

이 세상 모든 사람들에겐 각각의 이야기가 있다. 이야기는 늘 순탄하지 않고 때때로 고난을 만나거나 여러 선택의 기로에서 방황하기도 한다. 그러한 순간들의 질곡이 쌓여 서로 다른 무늬들을 만들어내고, 결국 한 사람의 얼굴이 되고 인생이 될 것이다.

90년대에 태어난 내가 철이 들 무렵 우리 사회의 구조는 이미 완전히 자리를 잡은 것처럼 보여서 통금제도나 대통령 간선제 같은 제도는 그야말로 책에서나 보던 역사적 사실들에 불과했다. 그러다 좀 더 나이가 들자, 유신이나 6월 항쟁, 5·18 민주화 항쟁 등이 실은 우리 부모님 세대가 바로 겪은 일임이 어렴풋이 실감이 났다.

"엄마, 엄마는 박정희 대통령 시절이 기억나? 1979년에 엄마는 몇 살이었어? 그땐 실제로 분위기가 어땠어?"

이후로 나는 책을 읽다가 줄곧 이런 질문들을 던지곤 했다. 책과 사진을 통해서는 다 채울 수 없었던 호기심이 직접 그 순간을 살았던 어른들의 말을 통해 충족될 수 있을 것이라고 생각했다. 그렇지만 곧 어른들에게서 생생한 그 순간의 증언들을 듣기 어렵다는 것을 깨달았다. 힘든 기억을 다시 떠올리는 것이 싫어서였을까, 정말 할 이야기가 없었던 것일까? 답은 없었고 가깝게 느껴졌던 이야기들은 다시 활자로 변해 하얀 노트 위 정갈한 글씨가 되어버렸다.

대학생이 된 내 주변의 친구들도 그런 경험들을 갖고 있는 걸까? 최근에는 역사적 사실이 아니라 지금 일어나는 일들마저도 이미 교과서에 인쇄된 사건들처럼 대하고 있다는 생각이 들었다. 우리에게 오늘은 역설적으로 점수와 스펙 몇 줄의 사건이었기 때문일까? 카페에 앉아 친구들과 함께 중간고사를 준비하던 바로 그날, 휴대전화를 통해 배가 가라앉는데 그 안에 아이들이 100명가량 남아 있다는 뉴스를 접했다. 불현듯 아침에 전원 구조라고 했던 뉴스가 떠올랐고 기댈 곳 없는 분노가 폭발하듯 눈물로 쏟아져 나왔다. (심지어 이조차 오보였고 이후 거의 300명에 달하는 사람들이 거기에 있었다는 사실이 드러났다.) 우리는 깜짝 놀랐고 함께 뉴스를 읽었고 걱정하며 사람들이 살아 돌아오기를 간절히 바랐으나 곧 눈물을 닦고 시험을 치러 가야만 했다.

그리고 이후 사건이 진행되는 과정을 바라보며 나는 문득 20년쯤 후, 다시 이 이야기를 나에게 물어올 다음 세대를 떠올렸다. 분명 누군가는 다시 초롱초롱한 눈망울을 빛내며 이 비극적인 사건이 무엇을 의미하고 무엇을 바꾸었는지 물을 것이다. 그때 나는 뭐라고 대답할 수 있을까? 무엇을 하고 있었다고 이야기할 수 있을까? 결국 세월호는 시간을 따라 흘러가버릴 하나의 사고가 아니라 우리 세대가 해명하고 기억해 다음 세대에게 온전히 전해주어야만 하는 사건임을 깨달았다. 이는 다른 내가 마주한 사건들 모두에서 생생히 들리는 외침이었다. 밀양에서 할머니들이 끌려갈 때, 새로운 고리 핵발전소가 다시 가동될 준비를 하고 있을 때, 해직된 노동자들이 생명을 버릴 때 나는 무엇을 했나, 나는 무엇을 보았나?

시대를 가로지르는 사건들이 하나씩 있다. 누군가는 4 · 3 사건에 대한 조사를 하다 전 국토에 자리한 비극에 눈을 떴고, 누군가는 1970년 전태일의 죽음에서 노동의 새로운 시대가 열렸다고 말했으며, 누군가는 5월 광주의 빚을 안고 매일을 살아가고 있다고 한다. 우리가 살아가는 지극히 당연한 오늘을 가능하게 하기 위해 피 흘린 사람이 있다는 사실, 그것을 잊고 살아가도록 가르치고 고통의 기억을 단절시켜 사회의 본질적 문제점을 그대로 답습한 세대는 이제 그 연장선에서 일어난 비참한 사고에 대한 책임을 피할 길이 없어 보인다.

문제는 많고 해결지점은 묘연한 지금, 많은 이들은 정치, 언론, 사법, 교육을 비롯한 사회 전반의 가장 밑바닥까지 파헤치는 사건의 진행을 지켜보며 좌절하고 우리 사회의 가능성을 포기하고 싶어졌다고 말한다. 이런 상황에서 고통을 잊지 않되 생명의 가치와 공존의 윤리가 상식이 되는 새로운 세대의 탄생은 우리 세대의 의무이지만 이전 세대에게서 교훈을 찾아야 하고 개인의 힘으로 가능하지 않지만 개인으로부터 모든 것이 시작되는 역설의 극치다.

그러나 그럼에도 이 모든 절망을 뚫고 우리는 포기하지 말자. 새로운 세대의 탄생은 곧 이 사회에서 우리가 함께 사느냐 죽느냐의 절대적인 물음과 맞닿아 있기 때문이다. 또 우리는 포기하지 말자. 우리는 새로운 희망을 만들어야만 하는, 만들 수 있는 유일한 세대이기 때문이다. 지금 사회가 처한 고통에 직접적인 책임이 없는 마지막 세대이기 때문이고, 아직 그 어떤 이해관계의 틀에 속박되지도 않은 채 내가 모르고 경험해보지 않은 것들을 배워갈 수 있기 때문이다. 이 비극적 역사를 끝낼 수 있느냐는 오직 우리의 손에 달려 있다. 체제의 명령과 순응의 논리 속에서도 인간적 양심을 버리지 않았던 사람들이 있었고, 그들이 물려준 연대의 기억과 조금씩 진일보한 순간들의 희망이 쌓여 결국 한 시대를 변화시키는 새로운 세대를 가능하게 할 것이다.

『새로운 세대의 탄생』은 동시대를 살아가는 청소년인 우리가 처절한 생과 사의 순간을 맞은 이 시대에 앞으로 어떻게 살아가야만 하는지 치열하게 고민한 결과이다. 이는 우리 자신의 이야기지만 함께 이 시대를 살아가는 특별히 용감하지 않았지만 특별히 비겁하지도 않았던 수많은 보통의 사람들에게 바치는 이야기이다. 이것이 부디 고통받는 누군가를 위로하고 우리 각각의 마음에 새로운 미래를 그리는 희망의 씨앗을 뿌릴 수 있기를 간절히 바란다.

1

세월호 참사,
우리는 기억의 의무를 기꺼이 져야 한다

2014년 4월 16일.

유난히 차가운 바람이 많이 불던, 사고가 일어난 그날 밤이 가장 춥고 슬프고 힘든 밤인 줄 알았습니다. 하지만 시간이 지날수록 그보다 더 참혹하고 비참한 나날이 더해집니다. 믿을 수 없는 언론의 행태, 무능을 넘어 무도하기까지 한 국가 기관은 과연 이 깊은 상처를 회복할 가능성이나 갖고 있을까 분통한 마음이 겹겹이 쌓입니다.

누구도 용서받지 못할 날들입니다. 하나부터 열까지 분노하지 않고서는 도무지 견딜 수 없는 상황들이, 그리고 매 순간이 최악이라 도저히 나아지고 있음을 기대하기 힘든 이 사태가 결국 우리가 직면한 현실임을 이렇게 아프게 알아야만 하는지요. 눈물이 마르지 않는 날들 속에서, 역설적이게도 무엇을 해야 하는가 하는 물음 역시 또렷해집니다.

지금 우리의 현실을 다시 바라봅니다. 또래 친구들이 저 차가운 바닷속에서 겪을 고통에 눈물 흘리는 학생들에게 입 다물고 공부나 하라는 학교 선생님들의 명령은 아직까지도 용인되는 권력의 추한 얼굴입니다. 기업들이 생명보다 이익을 우선시하는 것 역시 아직까지도 우리 사회의 힘 있는 경제 논리이며, 이 고통을 보듬을 공적인 대안을 수립하려는 노력 대신 그것이 불가능한 이유를 설명하려 드는 무능한 정부와 언론도 여전히 우리 앞에 놓인 현실입니다.

일본 철학자 사사키 아타루는 2011년 3월 11일 후쿠시마 원전이 쓰나미로 붕괴한 후, '3 · 11 이후'를 논할 것이 아니라 3 · 11 이전과 이후가 별로 다르지 않은 사회의 모습을 깨닫고, 완전히 다른 세계를 향해 나가야 한다고 말했습니다. 세월호 참사도 마찬가지가 아닐지요. 아직도 해결되지 못한 이 참사를 기준으로 그 전후가 그저 '다른 것'에 그칠 것이 아니라, 완전히 '달라져야 하는 것'이라 생각합니다.

책임^{Responsibility}을 진다는 것은 응답^{Respondability}하는 것이라는 철학자 자크 데리다의 말처럼, 이 사태에 응답하는 것에 대해 아주 잠시만 우리 사회가 멈추고 생각해보았으면 좋겠습니다. 무엇이 저 바닷속에서 목숨을 잃은 이들을 위해 우리가 할 수 있는 최선의 애도일지, 무엇이 사랑하는 이들을 잃은 사람들을 위해 우리가 할 수 있는 최선의 위로일지, 무엇이 살아남은 우리가 이 비극의 순간에 할 수 있는 최선의 삶일지 말입니다.

겹겹이 쌓인 이 문제들이 하루아침에 해결될 수는 없을 것입니다. 지금 우리가 겪고 있는 문제는 우리가 살아온 역사, 배경, 그리고 교육의 아주 성실한 결과일 뿐입니다. 그렇다면 우리는 어떻게 정직한 역사를 만들어갈 것인가, 머리를 맞대고 삶을 걸어 고민하고 이야기해야 합니다. 눈물이 나도, 분노가 머리끝까지 차오르더라도, 그러다 불현듯 미안한 마음에 속절없이 무기력해지더라도, 정의로운 삶이 결국 생존의 문제임을 아프게 경험한 우리가 할 수 있는 것은 지금부터 지치지 않고, 지지 않고, 좋은 삶을 향해 나아가며 그를 기필코 실현해내는 것뿐입니다.

할 수 있을 때 해야 합니다. 염원만으로는 아무것도 일어나지 않음을 우리는 기억해야 합니다. 마음을 다한 기도와 염원만으로는 아무런 힘이 없습니다. 『중용』 23장의 구절처럼 "작은 일도 무시하지 않고 최선을 다해야 한다. 작은 일도 최선을 다하면 정성스럽게 된다. 정성스럽게 되면 겉에 배어 나오고, 겉에 배어 나오면 겉으로 드러나고, 겉으로 드러나면 이내 밝아지고, 밝아지면 남을 감동시키고 남을 감동시키면 이내 변하게 되고, 변하면 생육된다. 그러니 오직 세상에서 지극히 정성을 다하는 사람만이 나와 세상을 변하게 할 수 있는 것"입니다.

어른들은 이런 사회를 만들어서, 구해주지 못해서 미안한 마음만 안지 않고, 젊은이들은 이러한 기성사회에 대한 분노만 갖지 않고, 함께 온몸과 마음을 모아 함께 이 비극을 딛고 일어설 수 있었으면 좋겠습니다. 그 시작은 우리가 서로 얼굴을 맞대고 모여, 각각 삶의 영역에서 해낼 수 있는 것, 해내야만 하는 것이 무엇인지 뜨겁게 이야기하는 것에서부터 비롯할 수 있으리라 믿습니다.

왜 선장은, 해경은, 정부는,
대통령은 옳은/적절한 선택을 해내지 못했을까요?

　세월호 참사가 일어난 후 지금까지, 정부, 정치인, 언론 등의 반응과 대처들은 국민의 안전과 생명의 가치를 중요하게 생각하고 있는지에 대한 의문이 들게 하였습니다. 사건 해결과 책임을 분산시키는 일을 가장 우선적으로 여기는 것 같은 비상식적이고 이해 불가한 행정만 펼쳐나가는 이러한 사태는 왜 발생했을까요?

　권력은 정부에게 있었습니다. 대책 방안을 지시하고 허가할 수 있는 권한을 가지고 있기 때문이지요. 그들이 이 참사의 진상을 밝히고 문제를 해결하는 데 실패한 이유는 재난이 발생했을 때 어떻게 대처해야 하는지, 무엇이 합리적이고 필요한 지시인지를 모르기 때문이었습니다. 선장과 선원의 대응에 관해서도 이야기가 많았습니다. 물론 선장이라는 개인이 저지른 엄청난 잘못은 마땅히 비난받아야 하지만, 구조적으로 분석해보았을 때 선장조차도 임시직의 삶을 살고 있는 개인이었습니다. 타이타닉 선장과 비교하는 어느 칼럼에서는 선장으로서의 직업의식, 소명의식, 즉 각자의 역할에 대한 책임의식을 말합니다. 직업이 삶의 수단이 아닌 목적이 되는 것이 이상적이겠지요. 그러나 우리 사회에서는 불가능합니다. 직업은 임시적인 것이며 그저 생계수단으로 여겨집니다. 윤리적으로 옳은 선택이 무엇인지 알지만 개인의 삶을 결정짓는 결정권조차 없는, 이미 상식적인 토대에서 살지 못하고 있기 때문에 윤리적 책임을 이

행한다는 것은 불가해집니다. 무엇이 옳은지를 사유하고 판단할 수 있는 능력을 '정치', 그를 이행할 능력을 '권력'이라 한다면, 우리는 정치와 권력이 완벽하게 분리된 사회에서 살아가고 있습니다.

▷◁ 정기훈(18세)

직업에 대한 책임감 부족과 자신의 안위만 생각하는 이기심 때문에 벌어진 참사라고 생각합니다. 직업에 대한 책임감이 부족한데도 그 직업을 가질 수 있는 곳이 우리나라란 것을 이 사건으로 알게 되었습니다. 우리나라는 어릴 때부터 공부 열심히 해라, 그래야 돈을 많이 번다고 하며, 직업적 책임감이나 적절한 선택 등은 무시한 채 돈을 많이 벌라고만 가르치는 사회입니다. 그렇기 때문에 오로지 돈만 잘 벌면 남들이 어떻게 되든 상관하지 않는 이기적인 의식이 생겨났고, 그래서 이런 사건이 일어난 것 같습니다. 다시는 이런 일이 생겨나지 않도록 철저하게 대책을 마련하고 올바른 직업의식을 가르쳐야 한다고 생각합니다.

▷◁ 최지윤(17세)

세월호 참사가 일어났던 그날 아침 저는 상식적으로 모두가 당연히 구조될 줄로만 알았습니다. 하지만 일은 더욱 커져 어마어마한 희생자가 발생하고 말았습니다. 그러면 질문처럼 도대체 선장과 해경과 정부는 무엇을 했기에 이런 상황이 일어났을까요?

저는 이렇게 생각합니다. 선장과 정부와 해경은 각자 자신의 위치에서 어떻게 이 상황에 대처할지 정확히 알아야만 했고, 또 그 생각에 따라 신속하고 정확하게 또 책임감 있게 행동해야 했습니다. 하지만 이리저리 떠넘기기 바빴고, 정확한 사태파악도 하지 못한 채 우왕좌왕하다 수많은 생명을 저버렸습니다. 말하자면 긴박한 상황 속에 정확한 판단과 신속한 결정으로 어떤 행동을 이끌어가고 추진할 만한 참되고 책임감 있는 '리더'가 우리에게는 없었습니다. 저는 이번 사고를 통해 다시 한 번 리더가 판단을 잘못 하면 얼마나 큰 사고들이 일어날 수 있는지 뼈저리게 깨달았습니다. 우리는 그 사실을 잊지 않고 자신의 자리에서 자신의 역할과 행동을 알고 그에 대한 '책임'과 '결정'을 내리는 것이 얼마나 중요한지 제대로 배워가야겠습니다.

▷◁ 박진영(17세)

"역사를 잊은 민족에게 미래란 없다." 단재 신채호 선생의 말씀입니다. 여기서 말하는 역사라는 것은 먼 과거뿐만 아니라 바로 어제의 일도 해당한다는 것을 미처 몰랐습니다. 우리는 바로 어제의 일을 기억하지 못하고 망각했기 때문에 똑같은 상황에서 똑같은 모습을 되풀이하고 있습니다. 이제는 잊지 말고 기억해야 할 때입니다.

책임을 가르치지 않는 교육과 남을 밟고 일어서는 법만을 가르치는 경쟁 시스템 속에서 우리는 멀리 보지 못하고 눈앞의 이익에만 집착합니다. 우리는 참으로 위험한 사회에 살고 있다는 것을 알게 되었습니다.

▷◁ 한희주(18세)

그들이 옳은 선택을 해내지 못한 것은 한 가지 이유만으로 설명할 수

없습니다. 그들뿐만 아니라 우리 모두 엉킨 실타래 같은 길 위에 서게 되고, 무엇이 옳은 길인지 잘 알지 못하며 우왕좌왕할 때가 많이 있습니다. 하지만, 언젠가는 선택을 해야 하죠.

이때 좀 더 신속하게 옳은 선택을 할 수 있도록 도와주는 것이 바로 '교육'이라고 생각합니다. 고등학교 1학년 때, 직업 적성 검사를 한다고 외부 강사가 들어오셨는데, 아이들이 항목에 답변을 체크할 때마다 "이렇게 해도 되나요?"라며 물었습니다. 그 강사께서 초등학교에서 강의할 때 어떤 모양이 프린트되어 있는 종이를 나눠주면서 "마음껏 색칠하세요!"라고 했는데, 아이들이 다들 선생님께 "선생님, 이 색깔 칠해도 돼요?"라고 계속 묻더라는 겁니다. "마음에 드는 걸로 칠하면 돼요!"라고 대답했지만, 아이들은 계속 불안한지 색을 바꿀 때마다 계속 허락을 받았다고 합니다.

우린 주체적인 삶을 살아가지 못하고 있고, 누군가가 대신 선택을 해줘야 안심하는 상황에 처해 있다고 생각했습니다. 이렇게 주체적인 삶을 앗아가 버리는 교육을 학생들도, 선장도, 해경도, 정부도, 대통령도 받아왔습니다. 우리의 교육이 좀더 먼 미래를 내다보는 교육이었더라면 무엇이 적합한 대처인지 스스로 선택할 수 있었을 텐데 말이죠.

세월호 참사는 단순히 한국 사회의 문제일까요?

이제는 재난 대책 재편성의 문제를 넘어서서 우리의 삶의 근본적인 부분들에 주목해야만 하는 때가 왔습니다. 살기 위한 선택은 왜 윤리적 선택으로 이어질 수 없는 건지. 기득권을 가진 자들이 왜 더 가지기 위해 급급하게 되었는지. 당연히 이루어져야만 하는 결단들이 자본과 결탁하고 권력과 연결되어 있기 때문에 막히는 현실 속에 살아야만 하는지. 인간의 죽음보다 우선시되는 이해관계가 너무나 빈번히 존재하는 이 구조적인 병폐의 근원은 무엇인지 빠짐없이 묻고 답해야만 합니다. 사회 구조적인 이 총체적 문제가 윤리적 개인의 탄생에 크나큰 영향을 미치고 있기에 공부를 멈춰서는 안 됩니다. 보다 거대한 세계를 본다는 것, 전 지구적으로 사유하는 것은 매우 중요합니다.

G20, 즉 세계 경제를 이끄는 주체라고 불리지요. 하지만 『리더가 사라진 세계』에서 인용하자면 "리더라고 하는 것은 각국의 정부들이 자발적으로 하려고 하지 않는 행동들을 강력하게 밀어붙일 수 있는 부와 권력을 가지고 있어야 합니다. 개별 국가 차원에서는 불가능해 보이는 예산 규모를 감당하고, 필요로 하지만 선뜻 나서지 않는 공공서비스를 제공해야 하며, 끊임없이 터져 나오는 세계 문제들에 대해 우선순위를 정할 수 있어야 합니다." 과연 미국은, 현 G20에 속해 있는 국가들은 자격이 충분한가요? 결코 그렇지 않습니다.

어쩌면 세월호는 한국만의 문제가 아닐 수도 있습니다. 세계화라는 이름 속에서 일어나고 있는 병리이지요. 터키의 탄광 폭발, 방글라데시의 선박 침몰 사고, 아프가니스탄의 산사태까지. 이 모든 사건은 기성세대 혹은 기성의 시대가 만든 정치, 경제, 교육의 병폐가 드러났을 뿐입니다. 그렇기 때문에 새로운 세대의 탄생이라는 외침도 한국 사회에 국한되어서는 안 됩니다. 권력과 정치의 분리로 생긴 이 공백을 아무도 책임지지 않는 세계를, 그 속에서 죽어가는 이들의 문제를 우리는 모두 포괄해야만 합니다. 그저 미안하다고 사과하는 기성세대처럼 살기 싫다는, 살지 않겠다는 울분으로 젊은 세대들이 들고 일어나야만 하는 것입니다. 그러한 결연하고도 글로벌한 조직이 만들어져야만 합니다.

▷◁ 박경민(18세)

세월호와 닮은 사건으로 20년 전의 서해훼리호 침몰 사고를 들 수 있습니다. 이 사건도 세월호 참사와 마찬가지로 약 300명이 사망했고 위기 대응 시스템이 제대로 구축되지 않아서 일어났습니다. 당시 정부와 해경은 구조 능력을 향상시키겠다는 약속을 했지만, 결국 소 잃고 외양간도 안 고친 격이 되어버린 것입니다. 하지만 그와 대조적으로 영국의 사례를 보면, 몇 차례의 해양 사고를 겪으면서 구조 작업을 확실하게 지휘할 수 있는 콘트롤타워를 만들어 대형 컨테이너선 나폴리호의 기관실 침수 사고에 잘 대응해 해양 오염을 막을 수 있었습니다.

이 사고가 단지 한국 사회의 문제가 아닌 전 세계가 함께 사유해야 할 윤리적 문제라는 것은 맞지만, 저는 한국 사회의 뿌리 깊은 문제라고도 생각합니다. 배에 승객들을 놔두고 혼자 탈출한 선장 같은 이들의 무책임한 행동들이 한국 사회에서 끊임없이 이어지고 있습니다. 그런 행동이 더 이상은 발생하지 않도록 우리는 바뀌어야 하고 이 사건을 잊지 말아야 합니다.

▷◁ 노태경(17세)

학교에서 세월호 참사에 대해 친구들과 얘기하다 보니 우리가 유난히 크게 분노하는 부분이 하나 있었습니다. 바로 우리나라의 보도와 외신 보도의 차이였습니다. 우리나라 언론은 국민들에게 거짓으로 보도했습니다. 분명 처음에는 전원이 구조되었다고 하였지만, 잠시 후 200여 명의 사람들이 실종되었다고 보도하였습니다. 또한 미리 보험금을 계산하는 등의 이해할 수 없는 보도를 하기도 했습니다. 그에 비해 외신들은 세월호의 현재 상황, 혹은 우리나라 해경의 대처에 대한 비판 등 지금 현실에 당장 도움이 되는 보도를 하고 있었습니다.

하지만 동시에 세월호 참사는 단순히 한국 사회의 문제가 아니라 세계적인 문제입니다. 전 세계의 리더 중 사회 문제들에 진정하게 책임감을 가진 사람을 꼽아보라고 하면 정작 몇 명 되지 않을 것입니다. 막강한 영향력을 가진 리더라는 사람이 책임감을 가질 수 있게 세계는 조금씩 움직여야 합니다.

▷◁ 김지영(20세)

세월호 참사가 우리나라만의 문제가 아닌 것은, 생명의 존엄보다 자본의 이익이 더 우위를 점하는 비극적 결과들이 세계 곳곳에서 발생하고 있기 때문이라고 생각합니다. 세월호는 단순한 사고가 아니라, 예견된, 이미 근거가 충분한 필연적인 참사였습니다. 그 징후들이 세계 곳곳에서 드러나고 있다는 것을 우리는 모르지 않습니다.

며칠 전 강정에서 1년 6개월 만에 석방된 양윤모 선생님을 뵈었습니다. 내 이익을 위해 무감각하게 살아가는 것이 평범하고, 타인의 아픔에 공감하는 것이 특별한 일이라 인식되는 시스템에서 특별한 일과 평범한 일을 헷갈리지 말아야 한다고 이야기하셨습니다. 평생을 살아왔고 앞으로 살아갈 땅에 대해 자신의 의견을 이야기하고 충분히 논의하지 못한 채 권력의 힘으로 밀고 들어온 해군기지에 대해 분노하고 함께 울고 함께 사는 것은 지극히 평범한 일인데 특별한 일로 만들어버리면 우리의 삶은 변화하지 않을 것이라고 하셨죠.

더 이상 이해하지 못할 폭력으로 죽어가는 생명이 없도록 일상에서 평범한 일과 특별한 일을 똑바로 바라보려 합니다. 미안함을 담은 목소리들이 이어져 어떻게 모든 사람들이 평범하게 살아가는 사회를 만들어갈 수 있을지 각자의 고민이 필요한 밤입니다.

―――――――

세월호에서 희생당한 사람들은 누구입니까?
우리가 세월호에 있었던 사람이라면,
혹은 세월호 희생자의 가족이었다면
무엇을 할 수 있을까요?

이번 사건은 우연한 사고가 아니라 충분히 일어날 만한 구조적인 문제들이 결합하여 발생한 것이라고 진단합니다. 발터 벤야민은 『역사철학테제』에서 이야기합니다. "억압받는 자들의 전통은 우리가 그 속에서 살고 있는 '비상사태Ausnahmezustand, 예외상태'가 상례임을 가르쳐준다. 우리는 이에 상응하는 역사의 개념에 도달하지 않으면 안 된다. 그렇게 되면 진정한 비상사태를 도래시키는 것이 우리의 과제로 떠오를 것이다." 항상 힘없는 자들은 억압받는 것이 당연했고, 지배자들은 자신의 자리를 유지하기 위한 탐욕으로 이 세계가 움직여 온 것은 일상적이었기 때문에 우리는 이러한 역사의식을 인지할 필요가 있습니다. 세월호의 침몰도 갑자기 생겨난 비상사태가 아니라 일어날 수밖에 없는 구조에서 발생한 상례였음을 말이지요.

근본적인 문제 제기를 시작하고, 목소리를 던져서 계속해서 이어나가는 것이 진정한 비상사태라 말할 수 있습니다. 그런 관점에서 아직 우리는 비상사태를 맞이하지 못했습니다. 보여주어야만 합니다. 사건화하고 계속 발언해야 합니다. 그렇게 해야만 역사는 변하고 움직여 나가기 때문입니다.

우리는 지금의 세상을 만든 세대는 아닙니다. 그렇기에 책임에서는 한 발자국 물러날 수 있지요. 하지만 그 책임에서 물러날 수 있는 마지막 시기이며, 앞으로는 우리가 책임을 져야만 합니다. 그렇다면 어떻게 우리는 윤리적 세대, 새로운 세대가 될 수 있을까요? 이 선택은 어쩌면 새로운 시대를 만드는 작업이고, 이 사건에 대해 진정성 있게 응답하는 일이 될 것입니다. 새로운 세대라 해서 '윤리적인 생각을 하고 선택을 하자'는 식의 일차적 접근으로는 진정한 변화가 가능하지 않을 거라는 것을 압니다. 사회적 낙오 가능성이 주는 공포감, 생존경쟁 등 우리의 윤리적 수준을 결정짓는 구조적 문제들은 어렸을 때부터 우리에게 내면화되어 있습니다. 다양한 가치, 공동체적 감수성들을 더 많이 느끼며 자란 기성세대와는 다르게 말이지요. 그렇기 때문에 "윤리적 인간이 되라"는 명제는 결코 쉬운 것이 아닐 수 있습니다. 그러나 부족해 보이는 그 지점에서 어떤 변화를 이뤄나갈 것인지 하나씩 이야기를 시작해야 합니다.

▷◁ 최용훈(17세)

세월호에서 희생된 단원고 학생들은 그저 평범한 친구들이었습니다. 그들의 가족들 또한 지극히 평범한 시민들이었습니다. 그렇지만 저는 이번 사건의 희생자들은 이들뿐만이 아니라고 생각합니다. 이번 사건의 희생자들은 우리 모두라고 해도 과언이 아닙니다. 우리도 단원고 학생들이나 가족들이었을 수도 있습니다. 이건 절대 이들만의 문제가 아닙니다. 앞으로도 세월호 참사와 같은 일들이 벌어질 수 있습니다. 더 이상 이런 눈물과 후회가 없어야만 합니다.

▷◁ 김윤이(22세)

결국 희생을 당한 사람은 대부분 아직 제대로 된 삶을 느껴보지도, 살아보지도 못한 아이들이었습니다. 자신이 무엇을 좋아하고 진정으로 하고 싶어 하는지, 자기 삶의 주체로 살아간다는 것이 얼마나 즐거운 일이고 의미 있는 일인지 경험해보지도 못한 채 말입니다. 그저 이 사회에서 말하는 좋은 대학에 진학하기 위해 끊임없이 공부하고, 모두가 선망하는 대기업에 취직하거나 좋은 직업을 가지는 것이, 그것이 좋은 삶이라 말하는 기성세대들의 사고방식과 가르침으로 착한 아이로 살아가던 아이들만 결국 "가만히 있으라"는 말만 믿고 있다가 생을 마감했습니다. 아이러니한 일이고, 비통하고 참혹한, 있을 수도 없는 사고였다고 생각합니다.

기성의 가치는 배 안에 타고 있던 비정규직 노동자, 다문화 가정의 아이와 조선족 등의 목숨도 앗아갔습니다. 어쩌면 우리 사회의 수없는 세월호 안에는 기성세대가 추구하던 가치에 희생될 수밖에 없는 이들만 타고 있는지도 모릅니다. 그렇기에 이들을 구원할 수 있는 유일한 방법은 기성세대의 자본과 물질 만능주의를 비판적으로 바라보는 눈을 가지는 것, 그것밖에는 없을 것입니다.

▷◁ 이혜진(22세)

고통과 분노와 울분의 시간입니다. 실종자가 하나둘 사망자로 바뀌어 가는 동안 우리가 목격한 것은 "과연 우리 사회는 어디를 향하고 있는가", "지금 무엇이 가능한가"에 대한 물음입니다. 정치가 무엇을 하고자 하는지를 결정하는 것이라면, 우리가 목격한 것은 피해자들의 부름에 응답할 수 없는 이 사회 정치의 무능이었습니다.

죽어가는 아이들에 대한 최소한의 걱정과 간절함이 보였더라면 분노하고 욕했을망정 이 정도의 환멸감을 느끼지는 않았을 것입니다. 실질적으로 문제를 해결할 수 있는 능력과 재원을 가진 위치의 사람들이 문제를 대하고 해결하는 방식에서 이 사태를 겪어내고 또 지켜보는 국민들의 심정을 얼마나 진심으로 존중하고 있는지 의문이 듭니다. 감정적인 화풀이의 대상이 아니라, 사람들이 무엇을 문제 삼고 있는지 제대로 듣고 응답하는 리더로서의 능력에 대한 것입니다. 문제를 해결하기 위해

| 실종자 수색 중인 팽목항 |

© 미디어 몽구

무엇을 어떻게 할 것인지, 왜 그런지에 대해 정확하고 신속하게 전달하는 애써야 했습니다.

물론 정부나 언론만을 겨냥한 문제는 아닙니다. 또 다른 문제 지점은 우리가 아무것도 할 수 없었다는 사실이었습니다. 구호물품 전달이나 봉사활동 외에 직접적으로 할 수 있는 일이 없다는 것, 아무것도 하지 못하는 정부를 그저 비판하는 것 외에 사태를 책임지게 할 어떤 일도 할 수 없는 현실. 이 두 가지의 무력함은 언론과 정부를 욕하면서도 그에 기댈 수밖에 없었던 지난 시간 동안 우리를 괴롭혀 왔습니다.

문제는 지금에야 드러난 것일 뿐 아주 오래전부터 제기되어 온 것들입니다. 핵발전, 송전탑 건설, 해군기지, 재개발과 같은 사회 곳곳의 갈등은 물론이고 교육과 정치와 경제의 지점까지. 한 개인이 자신의 삶에 끼치는 영향을 얼마만큼이나 통제하고 결정할 수 있는지를 되묻게 합니다. 내 마당 앞에 송전탑이 지어지는 것을, 핵발전소가 가동되는 것을 멈출 수 있는 사람은 과연 대한민국 국민 중 몇이나 될까요? 핵발전을 위해 구성한 윤리 위원회에 전문가가 아닌 무작위의 시민들만 모였을 때 윤리적인 선택이 가능했다는 독일의 사례를 떠올리며 우리 사회에서 일반 시민의 의지와 판단이 막히는 지점이 어디에 있는지 잘 알아야 합니다. 지금의 사회 구조에서 진정한 민주주의는 요원하다는 자각. 권력을 어디에 어떻게 배분할 것인지, '민주' 즉 개별 구성체가 주인이 될 수 있는 사회는 어떻게 가능한지에 대한 물음이야말로 세월호가 우리에게 요청하는 두 번째 과제라고 생각합니다.

여러분은 무엇이 슬픕니까?
조문하는 시민들을 보며 어떤 마음이 들었습니까?

　안산의 합동분향소를 포함하여 전국에 설치된 분향소에 다녀간 조문객의 수가 2014년 5월 기준 전국 200만 명이 넘었다고 합니다. 헤아려지지 못한 숫자는 더욱 많을 것입니다. 어마어마한 사람들이 마음 깊이 슬퍼하고 애도하고 있는 이 사건은 어찌 보면 희망의 시작일 수도 있습니다. 무엇이 문제인지 알고, 아픔에 통감하며 분노의 눈물을 흘릴 줄 아는 시민들이 우리나라에 많다는 사실을 잊지 않고 나아가야만 합니다.

　대단한 인간일 필요는 없습니다. 뛰어나고 엄청난 능력을 가질 필요도 없습니다. 삶이 변화하는 과정은 생각보다 아주 쉽고 작은 곳에서 시작할 수 있습니다. 삶을 살아가면서 어떤 가치를 놓쳐서는 안 되는가에 대한 답을 그려가는 것. 그렇게 사소하지만 꾸준하게 노력하는 것이 중요하다는 사실을 발견합니다. 그리고 실제로 그런 삶을 많은 사람들이 이루어가고 있습니다. 실천윤리학자 피터 싱어가 『이렇게 살아가도 괜찮은가』에서 말하는 것처럼 인간은 윤리적이라는 믿음을 공고하게 만들어가야 합니다. "도덕적으로 옳지 않지만 그렇게 하는 것이 네가 이익이야"라고 말하는 사회의 가치 체계를 전복시킬 만한 시스템을 추구해야만 합니다. 법으로 많은 것을 강화시키는 것은 물론이되, 희생자들을 단순히 기리고 시간이 지나면 잊히는 것에서 그치지 않을 법, 정치, 교육제도 등이 복합적으로 바뀌어야 하는 시점입니다.

◁◀ 김은비(17세)

저는 기숙사에서 지내고 있습니다. 세월호 참사가 발생하고 첫 시신이 인양되던 날, 그리고 단원고 학생들의 안타까운 사연들이 하나둘 알려지기 시작했던 날, 온 복도에서 울음소리가 들려왔습니다. 새벽이 되도록 아이들은 자신의 친한 친구가 세상을 떠난 것처럼 슬퍼했습니다. 그 전까지는 안타까워만 했던 저도 아이들과 함께 둘러앉아 세월호에 대한 이야기를 나누면서 밀려오는 슬픔에 정말 많이 울었습니다. 저희가 가장 슬펐던 건 지금 이 순간 캄캄한 바다에 잠겨 있을 그 아이들에게 아무것도 해줄 수 없었다는 것입니다. 한 명이던 사망자가 열 명, 백 명으로 늘어나는 것을 야자시간에 확인하면서 답답하기도 했습니다. 우리는 10분이라는 짧은 시간 동안 휴대폰으로 인터넷 뉴스를 보다가 다시 자습 시작 종이 울리면 황급히 휴대폰을 집어넣었습니다. 왜냐하면 우리가 '지금' 해야 했던 것은 다음 주에 있을 중간고사를 대비하는 것이었기 때문입니다.

더 많은 아이들이 차가운 시신으로 가족의 품으로 돌아오고, 합동분향소에 새하얀 국화꽃들이 하나둘씩 놓이던 그때, 저는 뉴스로 아이들의 영정사진을 봤습니다. 정말 많은 사진들이 있었습니다. 숨이 탁 막혔습니다. 사실 저는 이번 세월호 참사가 그 이전에 우리나라에서 일어났던 많은 사건들처럼 그렇게 몇 주가 지나면 잊힐 줄 알았습니다. 하지만 한 달이 넘은 지금까지도 많은 시민들이 분향소에 다녀오는 것을 보면서 이번 사건이 사람들에게 정말 많은 충격을 주었고, 이 슬픔에 공감하는 사람들이 많아 다행이라는 생각이 들었습니다. 그리고 사람들이 단지

슬퍼하는 것에서 그치지 않고 이러한 문제들을 해결해 나가는 데 함께
했으면 합니다.

강지수(14세)

세월호 침몰 이후 많은 사람들이 그에 대한 안타까움을 나누고, 슬픔
을 공감하였습니다. 초조하게 시간은 흘러갔지만 선장과 선원들의 초
기 대처 미흡, 사고 이후 정부의 미숙한 대응, 이해가 안 되는 정부 관리
자의 행동 등 많은 사건들이 그 사건 위에 점점 덮여 사건에 대한 슬픔이
가시기도 전에 분노와 탄식을 자아내고 있습니다.

저도 슬프고, 안타까운 마음으로 자원봉사를 신청했지만 저처럼 어린
친구들을 보면 사건 피해자 부모님들이 더 힘들어 하신다며 거절당하기
도 하였습니다. 그런데 정말 우리는 진심으로 슬퍼하고 안타까워하고 있
는 것일까요? 노란 리본으로 카카오톡 프로필을 장식하고, 프로필 명은
기적을 바란다는 말이 대다수입니다. 이 속에서도 진심으로 걱정하고 슬
퍼하는 사람이 있는가 하면, 마치 유행처럼 리본을 장식하는 사람도 있
습니다.

다른 이의 슬픔에 진정으로 공감한다는 것은 인간적인 면에서 참 좋
은 일입니다. 하지만 요즘의 대한민국은 SNS가 급속히 확대되면서 이런
슬픔조차 과해지지 않았나 하는 생각이 듭니다. 슬픔에 슬픔을 덧씌우고
슬픔을 찾아다닙니다. 그렇게 대한민국은 직접 겪진 않았어도 집단적 외
상후 스트레스장애(PTSD)를 겪는 사람들이 많아지는 것 같습니다.

세월호는 비극적인 참사입니다. 그러나 그 비극을 되풀이하지 않으려

면 슬픔 후에 정확한 판단이 필요합니다. 세월호를 앞세워 하나둘씩 통과되는 정책들이 있습니다. 더 이상 비극에만 머물러 있지 말고 다른 비극을 막아야 할 것입니다. 부디 앞으로는 이런 일이 일어나지 않게 힘을 모읍시다. 희생자들의 명복을 빕니다.

우리는 세월호 참사에서 무엇을 기억해야 할까요?
결코 잊어서는 안 되는 것이 무엇일까요?

아우슈비츠에서 살아남은 프리모 레비는 자살로 생을 마감하는 그 순간까지 끔찍했던 수용소의 기억을 끊임없이 글로 기록합니다. "귀환자들에게 기억하는 것은 의무이고, 그들은 잊고 싶어 하지 않으며, 특히 세상이 잊어버리는 것을 원치 않는다." 유대인 학살, 혹은 세계대전은 우연히 발생한 사건이 아니기에 그날의 상처에 대항하기 위한 '기억의 의무'가 존재했던 것입니다.

2007년, 미국 버지니아 공대에서 총기난사로 33명이 사망하고 29명이 부상을 입는 참사가 일어났습니다. 그곳에 한 노교수가 있었지요. 그는 날아오는 총알을 향해 몸을 던지며 제자들에게 창문으로 도망치라 외쳤습니다. 결국 그는 무자비한 총에 맞아 사망했고, 그 덕에 살아남은 학생들은 증언합니다. 자신들의 스승이 어떻게 총탄이 퍼붓는 출입구로 달려가 몸으로 문을 막았는지 말이지요. 리비우 리브레스쿠. 그는 아우슈비츠에서 살아남은 자였습니다. 그가 곧장 문으로 달려갈 수 있었던 것은 어쩌면 그가 '아우슈비츠 생존자'였기 때문인지도 모릅니다. "아우슈비츠에서 겪었던 참혹한 인간성 말살의 기억이 자신의 안위를 지켜 살아남고자 하는 생존 본능마저 거스르는 '새로운 본능'을 만들어주었던 것입니다."(풀꽃평화연구소, 2007. 5. 4.)

그렇다면 우리는 세월호 참사에서 '기억의 의무'를 어떻게 질 수 있을지요? 이 참사를 어떻게 기억하여 고통의 순간에 온몸을 던지는 시대를 만들 수 있을지요?

▷◁ 최재우(14세)

우리는 이번 세월호 참사가 어른들의 무책임과 이기주의로 일어난 것을 꼭 기억해야 합니다. 세월호 참사 이전에도 많은 사건들이 있었습니다. 경주 수련원 지붕이 내려앉아 많은 대학생들이 목숨을 잃었습니다. 또 세월호 참사 후 한 요양원에 화재가 발생해 21명이 숨졌습니다. 우리가 사건의 이유와 결과를 잊었기 때문에 이러한 일이 일어났습니다. 말로만 '잊지 않겠습니다'라고 할 뿐, 왜 시간이 지나면 잊어버리는 걸까요? 언제쯤이면 사람들은 이 불행의 원인을 깨닫고 반성할까요?

▷◁ 유지연(17세)

이번 세월호 참사가 우리나라의 취약한 부분들을 극단적으로 드러낸 만큼, 기억해야 할 점은 한두 가지가 아닙니다. 미미했던 정부의 대처, 정부와 언론의 결탁, 책임감 없는 관료와 희생당해야 했던 우리 또래 학생들. 대부분의 사람들이 정부의 무능력함을 비판했습니다. 하지만 저는 조금 다른 관점에서 문제점을 짚고 싶습니다. 바로 언론입니다. 제가 언론 직에 종사하고 싶어서 언론을 주의 깊게 지켜봤을 수도 있지만, 비판받아야 할 점은 오보만이 아니었습니다. 물론 초기의 오보나 자극적인 보도도 문제였지만 정부와의 결탁이 가장 큰 문제가 아니었나 생각합니다.

사고 발생 초기부터 보였던 해경의 무능력함에 대해 일언반구도 없었던 주요 언론사들 중 하나는 청와대에서 해경에 대한 부정적인 방송을 내보내지 말라는 지시를 받았다고 말했습니다. 많은 주요 언론사들은 초기에는 선장과 선원들의 무책임만을 비판하기에 바쁘다가 국민들의 분노가 해경에 뻗치자 그제야 화제를 해경으로 돌렸습니다. 또 인터넷 언론에서 심심찮게 찾아볼 수 있었던 얘기는 희생자 학생들의 손가락이 대부분 골절되어 있었다는 것이었는데, 최근《한겨레》가 보도한 세월호 루머와 진실의 비교 기사에 따르면 처음부터 깁스를 하고 있었던 학생 외에 다른 골절상은 발견되지 않았다고 합니다.

저는 원래 몇 개의 중도 언론사를 빼고는 대부분의 언론을 불신합니다. 과거 일제 강점기 때부터 이어져 온 깊은 언론의 부정부패는 독재정권을 지나 현 정권에 이르기까지 조금도 나아지지 않은 모습으로 왜곡된 정보를 전달하고 있습니다. 왜곡된 진실은 진실이 아닙니다. 오히려 악의惡意에 가깝습니다. 제가 세월호 참사에서 잊지 못할 것은 이런 모습들입니다. 국민의 관심이 지금처럼 크지 않았던 셀 수 없이 많은 '다른 세월호' 사건에서 자행되었을 언론의 농락과 왜곡된 보도를 인식하기. 많은 사람들이 무비판적으로 언론을 수용했고 그들의 보도에 큰 신경을 쓰지 않았기에 이런 큰 사건에서마저 '평소 하던 대로' 보도한 것이 아닌

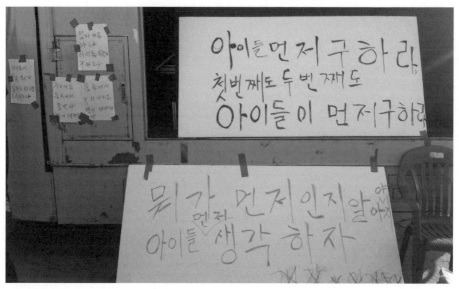

© 미디어 몽구

가 싶습니다. 이를 결코 잊어서는 안 됩니다.

▷◁ 김은비(17세)

　단원고 아이들의 휴대폰에서 발견된 동영상의 한 장면이었습니다. 이미 배는 엄청나게 기울어져 있었고, 그 때문에 커튼이 거의 45도로 펼쳐져 있었습니다. 선실이 안전하니 그 자리에서 대기하고 있어달라는 방송이 흘러나왔고, 동영상을 찍은 아이는 "선생님과 친구들 모두가 안전하게 수학여행 다녀오게 해달라"고 기도합니다. 그 순간까지도 아이들은 구명조끼를 입은 채 가만히 객실 벽에 기대어 있었습니다. 뉴스에서 그 동영상을 본 순간 너무 화가 났습니다. 기울어져 벽이 되어버린 객실 바닥에 아이들이 맨발로 기대어 있는 모습이 자꾸만 생각났습니다.

　과연 나라면 나올 수 있었을까? 저곳에서 나왔을까? 하는 질문이 머리를 맴돌았습니다. 아니요, 저는 아마 기울어져 가는 배에서 나오지 못했을 것입니다. 저는 어려서부터 어른들의 말을 '듣고 싶어 하지 않았던' 아이였을 뿐이지 저항하거나 거절했던 아이는 아니었으니까요. 어른들의 말을 거절한다고 해서 저에게 돌아오는 이득은 없었고 잘 따랐을 때는 칭찬이 뒤따랐습니다. 그러니 가만히 있으라고 외치는 방송을 저는 절대로 거절하지 못했을 것 같습니다. 인정하고 싶지 않지만 저나 이 나라의 많은 청소년들은 그런 식의 복종에 너무나 익숙해져 있습니다. 늘 시키는 대로 하고, 하라는 대로 따라야 했습니다. 그렇기에 스스로의 판단이 필요한 순간들에 우리는 이러지도 저러지도 못하는 바보가 되어버렸습니다.

세월호에 타고 있던 단원고 학생들은 우리가 늘 그랬던 것처럼 '시키는 대로' 얌전히 있었습니다. 이전까지의 학생 사고들은 학생 측의 과실이 조금이라도 있는 경우가 많았지만 이번 세월호 참사는 그렇지 않습니다. 그들이 한 행동이라곤 평소처럼 가만히 있었던 것입니다. 저는 그 사실을 사람들이 기억했으면 좋겠습니다. "가만히 있어", "하지 마", "조용히 있어", "나서지 마"와 같은 말들이 아이들에게 어떤 영향을 미쳤는지 말입니다.

▷◁ 김기환(17세)

저는 이번 세월호 참사에서 기억해야 하는 것은, 아무래도 초기의 적절한 대응으로 소규모 피해로 넘어갈 수 있었던 상황을 "기다리라"고 말하고 제일 먼저 탈출한 선장의 무책임한 행동이라고 생각합니다. 초기 대응은커녕, 자신이 아는 지름길로 빠져나온 선장. 배 안의 학생들과 사람들은 대기하라는 방송과 헬리콥터와 해경의 소리를 듣고 구조가 되는 것으로 알고 그대로 기다렸을 것입니다.

그리고 제가 이해할 수 없는 것은 언론의 태도입니다. 외신 보도는 현장을 사실적 · 객관적으로 보여주고 생존 가능성을 비롯한 정보들을 나열해주었으나, 국내 보도에서는 똑같은 장면만을, 혹은 보험금 계산과 같은 것만 반복한 채, 언론의 역할을 제대로 이행하지 못하였다고 생각합니다.

마지막으로 우리는 이번 세월호 참사로 일어난 모든 일 그 자체를 잊지 말아야 합니다.

우리는 무엇을 바꾸어야 할까요?
새로운 세대가 쟁취해야 할 변화는 무엇입니까?

　그래서 우리가 할 수 있는 것은 무엇입니까? 한탄조로만 일관하는 사람들을 설득하기가 힘든가요? 하지만 우리는 이루어야 하는 변화들을 공부를 통해서 합리적이고 설득력 있게 말할 수 있어야 합니다. 젊은이로서 썩어빠진 사회에 대항하고, 개인의 힘을 모아 사회적 힘을 만들어내야 합니다. 보다 현실적이고, 보다 구체적으로 말이지요. 현 시스템 내에서 불가능하기에 다른 시스템을 만들어낸 몇몇 언론인들의 행보처럼 말입니다. 옳은 선택과 정의를 실현할 수 있는 비전이 있는 사람이 권력을 쟁취해야만 합니다. 이는 결코 낭만적인 과정으로 이루어져서는 안 될 것입니다. 리더가 사라진 시기 역시도 시대의 산물이라고 분석할 수 있겠죠. 어떤 리더를 만들 것인지, 그를 위해서 어떤 교육과 준비가 필요한지 철저하게 연구해야 합니다. 지금 우리 세대는 어떤 운동을 하고 변화를 꾀해야 하는가를 고민하며, '사회가 문제다' 혹은 '기성세대가 문제다'라고 말하기보다는 더 건전한 방식으로 우리가 딛고 나갈 수 있는 방법을 생각해야 합니다.

　▷◁ 노태경(17세)
　우리가 바꿔야 할 것은 청소년의 마음가짐이라고 생각합니다. 청소년이 먼저 변화할 수 있다, 변화해야만 한다는 마음을 가져야 변화를 위한 움직임을 더 만들 수 있기 때문입니다.

아무리 이렇게 해도 안 된다고 하는 사람들 때문에 변화가 힘들 수도 있습니다. 하지만 역사적으로 언제나 변화는 청소년과 청년들로 인해 일어났습니다. 그 당시 청소년들도 안 된다고, 불가능하다고 하는 사람들 때문에 포기하고 싶을 때도 있었을 것입니다. 하지만 이런 것들에 굴복하지 않고 계속해서 진정성 있는 변화를 이끌어내면 분명히 사회는 바꿀 수 있습니다.

▷◁ 정성엽(20세)

신문과 뉴스에서 '세월호 피해자'라는 글을 보았습니다. 그리고 피해자라는 단어가 주는 무책임을 느꼈습니다. 그들을 과연 피해자라고 치부할 수 있을까요? 그들은 희생자입니다. 대한민국이라는 나라가 희생시킨 무고한 사람들입니다.

세월호 참사가 처음 일어났을 때는 아무런 생각도 없이 그냥 저 아이들이 살아 있었으면 좋겠다는 마음과, 선장을 능지처참해야 한다는 그런 마음뿐이었습니다. 하지만 시간이 지날수록 선장만이 문제가 아니란 생각이 들었습니다. 하루에도 수십 개씩 올라오는 뉴스들을 통해 정부의 무능함을 여실히 깨달았고, 밥그릇 챙기기에 안달이 난 공무원들과 그 과정 속에서도 권력투쟁을 하고 권위를 세우려는 정치인들. 청와대로 향한 유가족들의 행진을 막은 경찰들과 그 이후 투입된 것으로 추정되는 사복경찰들. 이뿐만이 아니라, 사실인지 거짓인지 확인하지 않고 올린 기사들을 책임지지 않는 기자들, 속보에만 치중하는 각 방송사. 인기를

| 세월호 참사를 규탄하는 침묵시위 행렬 |

얻고자 트위터와 페이스북에 허구의 사실들을 올리는 무책임한 시민들. 이런 장면을 보면서 대한민국이란 나라에 실망하지 않을 수 없었습니다. 한 번도 나라를 포기한다는 것을 생각해본 적이 없지만, 요즘 들어서는 포기하고 싶은 마음이 불쑥 일어납니다.

그럼에도 불구하고 이렇게 글을 쓰는 이유는 지금이 아니면 바꿀 수 없기 때문입니다. 항상 모든 것이 무너지는 것처럼 느껴질 때 변화가 이루어집니다. 우리가 세월호의 희생자에게 할 수 있는 일은 잊지 않는 것입니다. 지금 당장의 문제 해결방식에 급급한 것이 아니라, 다시는 이런 일이 일어나지 않도록 어른들의 사회가 가진 모순점들과 가식을 하나하나씩 이야기할 수 있어야 한다고 생각합니다. 그러기 위해서 새로운 세대는 기성사회의 모습을 바로 응시해야 합니다. 여기에 안주하며 자신을 맞춰가지 않기 위해, 기성사회의 문제점이 무엇인지 판단할 수 있는 바른 의식이 필요합니다.

▷◁ 윤한결(26세)

사고가 있고 며칠 지나지 않아 「이 봄의 이름을 찾지 못하고 있다」라는 김선우 시인의 시가 《한겨레》에 실렸습니다. 시인은 본디 편견과 관습으로 굳어진 사물들의 숨겨진 이름을 호명함으로써 존재의 진실을 흔들어 깨우는 자들입니다. 그런데 그런 시인조차도 이 봄의 이름을 찾지 못하고 있다니. 어쩌면 이 참담한 비극을 있게 한 총체적 부조리 앞에서 도저히 이름을 찾지 못하겠다고 하는 시인의 비통한 울음이야말로 지금 이 시간의 정직한 이름일지도 모르겠습니다. 이름을 찾을 수 없는, 뭐라

표현할 수 없는 비통과 우울의 바닥을 짚고 냉철한 이성으로 이 문제의 정확한 원인과 책임을 물어야 합니다. 그리고 다시는 이런 일이 일어나지 않도록 근본적인 대책을 찾아 당장 실천하는 것만이 바닷속에서 속절없이 스러져 간 빛나는 생명들을 진정으로 애도할 수 있는 유일한 방법일 것입니다.

많은 글들이 자본과 결탁한 권력의 문제를 신랄하게 비판하고 있습니다. 돈을 아끼기 위해 노후된 배를 구입한 청해진해운을 비롯해 그것이 가능하도록 기업들의 입장에서 온갖 규제를 완화해줬던 지난 이명박 정권, 그리고 절명의 위기 앞에서 생명의 가치를 가장 우선으로 두지 않고 여러 가지 계산을 하며 권력의 눈치를 봤던 관련 해경의 책임자들, 그리고 그들이 눈치를 보게끔 권력을 잡고 유지하는 것 이외에 실질적인 국민의 삶에는 별 관심이 없어 보이는 최고 권력자 박근혜 대통령을 비롯한 정부 고위관료들. 그리고 마지막으로 그들을 대한민국 국가공동체의 대통령으로 선출한 우리 자신.

시대의 지성으로 불리는 김우창 교수는 "'평범한 악'이 대한민국을 침몰시켰다"라는 칼럼을 썼습니다. 이 글에서 그는 최소의 비용으로 최대의 이윤을 얻고자 하는, 그리고 그 목적을 위해서는 윤리적 의무도 스스럼없이 묵살하는 것이 당연한 신자유주의의 논리와 그것을 내면화한 우리 스스로의 모습에서 이 사태의 궁극적 원인을 찾고 있습니다. 하지만 지금부터 정신 차리고 윤리적인 삶을 살자고 다짐해봤자 국민 전체의 윤리적 수준이 쉽게 올라가 해결되는 문제는 아닙니다. 공동체의 제도적 환경이 윤리적이지 못한 상황 속에서, 윤리적으로 살고자 하는 개인의 노력은 반드시 자기희생을 필요로 하기 때문입니다. 우리는 그러한 소수의 희생적·윤리적 실천을 숭고하게 우러르고 영웅으로 만들곤 하지만, 그것은 우리가 그렇게 하지 못하는 것에 대한 죄책감과 불편함을 해소하려는 자기방어적 존경은 아닐른지요.

윤리적 삶은 결코 삶의 중요한 부분들을 포기하는 희생적인 행위가 아니라 우리의 삶을 더 고귀한 것으로 만들어주는 자연스런 권리의 일부가 되어야 합니다. 그렇게 되기 위해서는 윤리적인 삶을 보장하는 정책과 제도들이 먼저 마련되어야 하지만, 그것만을 기다리기에 변화는 요원해 보입니다. 결국 나부터 윤리적인 삶을 살기 위한 끈질긴 노력이 필요합니다. 돈을 위해 다른 이들을 착취하는 구조로부터 반대편으로 나아가는 삶을 힘겹지만 실천하면서, 그 과정에서 부딪히는 지점들을 공론화하여 법과 제도가 보장하도록 요구해야 합니다.

2

진실에 대한 용기,
정의에 대한 필요

"관습 속으로 들어와 버린 비겁함, 너무나 깊어서 남편이 아내에게, 부모가
자식에게도 입을 열지 못하게 만드는 비겁함이다. 이 비겁함이 없었더라
면 그토록 극단으로 치닫지는 않았을 것이고 유럽과 세상은 오늘날 달라
져 있을 것이다."

— 프리모 레비, 『가라앉은 자와 구조된 자』 중에서

인류 역사에서 가장 극악무도했다고 평가되는 유대인 학살은 왜 일어
났을까요? 실제로 영문도 모른 채 당해야 했던 유대인 프리모 레비는 유
대인을 학살했던 독일인들을, 그에 크게 저항하지 못했던 유대인들을,
그리고 그에 함구했던 전 세계인들을 '이해'하고자 끊임없이 질문을 던

집니다. 무엇이 그들을 그렇게 만들었는가에 대해 말이지요. 『가라앉은 자와 구조된 자』는 그 기록입니다. 그 과정은 우리에게도 많은 것을 묻습니다. 그것은 인간이란 무엇인지, 도덕적인 것과 선이란 무엇인지, 수치심과 부채의식에 대하여, 용서와 화해에 대하여, 그리고 진실과 정의에 대한 것입니다.

'구조된 자' 중 한 명이었던 프리모 레비는 '용서하다'가 자신의 말이 될 수 없다고 말합니다. 전쟁이 끝난 후, 유대인 학살의 역사를 반성하는 이들이 자신에게 용서를 구하지만, 그것은 불가능한 것이라고 말이지요. 그 누구도 죄를 용서할 힘을 가지고 있지 않기 때문입니다. 스스로 뉘우치고 대가를 치르는 방법밖에는 없지요. 물론, 그것이 '말뿐인' 뉘우침은 결코 아닙니다.

아우슈비츠는 한 개인의 기억에서 끝나지 않습니다. 믿을 수 없지만 이미 일어났던 사건이었기에, 언제든지 또다시 일어날 가능성은 있기 때문이지요. 되살리기 힘들고 고통스럽더라도 기억을 지속해야 하는 것은, 그것만이 다시는 일어나서는 안 될 절대적인 악을 막을 수 있기 때문입니다. 프리모 레비는 이를 '진실에 대한 필요'라고 말합니다. 말뿐인 반성을 넘어, 진정성 있는 반성과 성찰을 통한 인간 존엄의 실현이지요.

진실에 가닿는 것은 매우 어려우며, 의지를 갖고 있지 않고서는 불가능합니다. 하인리히 뵐이 쓴 『카타리나 블룸의 잃어버린 명예』는 진실의 왜곡과 조작이 한 개인과 사회의 명예를, 혹은 존엄을 얼마나 망가뜨릴 수 있는지 말합니다. 저자 하인리히 뵐이 말했듯 진실을 외면한다면 그것이 파국으로 치닫는 것은 "의도한 바도, 우연의 산물이 아닌, 그저 불가피한 일일 뿐"이죠.

사회의 크고 작은 문제들은 개인의 문제가 아닐 수 있습니다. 구조적으로, 제도적으로 기인한 부조리들이 많지요. 그래서 개인이 극복하기 힘들기도, 개인의 변화로는 문제를 해결할 수 없기도 합니다. 하지만 그 속에서도 분명 다른 선택은 가능합니다. 한 존엄한 개인의 선택이, 그 개인들의 연대는 시대의 불의에 굴복하지 않고 다른 운명과 역사를 만들 수 있습니다. 현실이 아무리 우리를 괴롭히더라도, 결코 포기할 수 없는 진실과 정의에 대한 용기를 추구해야 합니다.

희망의 편에 서는 것, 불의와 재앙의 순간에 진실에 가닿을 수 있는 의로운 사람이 되는 것, 그것은 결코 쉽지 않습니다. 하지만 그것은 반드시 성취해야 할 우리 삶의 본질일 것입니다. 그를 위해 기억하고 기록해야 할, 그리고 실천해야 할, 그래서 이룩해야 할 새로운 세대와 시대의 모습을 함께 그려봅시다.

무엇이 인간인가
―『가라앉은 자와 구조된 자』를 통해 본 정의에 대한 필요

▷◁ 이승현(18세)

책을 읽으면서 아우슈비츠의 일이 우리나라와 매우 유사하다고 느꼈습니다. 특히 세월호 참사를 보면 닮은 부분이 굉장히 많았어요. 물론 유대인 학살과 세월호의 죽음을 같은 차원의 문제로 보기는 힘듭니다. 하지만 해경과 연락을 해서 도덕적인 의무를 다하지 않고 생존한 선장과 선원들은 유대인 중 특권을 가진 권력자로서 생존한 사람들과 닮았습니다. 또, 유대인을 학살한 독일인들이 자신의 책임이 아니라 구조의 문제이고 시스템의 탓이었다고 말하는 것과, 세월호에서 보인 책임자들의 모습은 별반 다르지 않죠. 프리모 레비와 같이 '구조된 자'들은 자신의 생존을 기뻐하지 못했습니다. 다른 사람들의 죽음을 외면했다는 사실에 대한 죄책감과 자신이 살아난 것이 비겁하게 느껴져 괴로워했죠. 세월호에서 생존한 사람들의 심정은 이와 다르지 않을 것인데, 그렇기에 사고 직후 수많은 언론사들이 이들에게 한 인터뷰는 얼마나 폭력적이었는지 그 마음을 헤아려보면 참으로 안타깝습니다. 전문적인 정신적 치료가 필요하고 많은 도움을 줘야 하는 게 분명하고 당연한데, 우리가 과연 지금 잘하고 있는지 의문이 듭니다. 오히려 생존한 단원고 학생들이 진상규명을 위해 도보 행진을 했지요. 그 발걸음이 얼마나 절박한 것이었는지 우리 사회는 과연 잘 헤아리고 있을까요?

독일의 게르만 우월주의와 잘못된 교육은 나치즘과 유대인 학살을 일으켰습니다. 이런 사실을 깨닫게 되니까 세월호 참사는 어떠한 사람의 잘못이 아니라 우리나라의 여러 가지 문제점이 낳은 것이고, 이 참사는 끝이 아니라 시작을 알린 신호라는 두려움을 쉽게 떨쳐낼 수 없었습니다. 지금 우리나라 정부에서 특권을 쥔 권력자들이 사람들을 이용해 언론 폭력을 행사하고 있고, 용기 있는 사람들이 이들에 반발하여 새로운 변화를 이끌어내고자 하지만 아직은 미미합니다. 그럼에도 끊이지 않는 저항의 목소리들은 쓰러져가는 우리나라를 구할 수 있는, 끝을 보지 않아도 옳은 것이 무엇인지 알고 바꿔낼 수 있는 움직임이 일어나고 있다는 확신을 갖게 합니다.

몇 주 전 철학시간에 반 친구들에게 '새로운 세대의 탄생'이라는 주제로 세월호 참사를 엮어 우리가 행동과 생각을 어떻게 변화해야 하는지에 대해서 이야기를 했습니다. 발표가 끝난 뒤, 질문 시간이 있었는데 한두 명을 제외하고는 아무도 질문을 하지 않더라고요. 선생님도 저희들에게 어떻게 이런 발표에 대해 질문 하나를 제대로 하지 못하냐면서 꾸지람을 하셨습니다. 우리가 무엇을 알려고 하기보다 누가 알려주는 것을 그냥 받으려고 하며, '자신을 이끌어줄 누군가를 기다리고 있는 것은 아닐까' 의문이 들었습니다. 그리고 이렇게 된 가장 큰 이유는 교육의 문제라고 생각했어요. 올바른 교육을 통한 새로운 세대의 탄생이 필요하고, 이러한 교육의 변화가 세월호 참사에 희생된 사람들에게 조금이나마 위로가 될 거라고 생각합니다.

▷♪ 박경민(18세)

인류 역사에서 무도한 폭력은 왜 일어났으며, 무엇이 인간을 그렇게 만들었을까요? 그래서 이 사건의 책임은 누구에게 물어야 할까요? 더 많은 사실을 알고 있는 자들은 이미 죽었는데, 이 사건의 진실한 증언은 가능한 것일까요?

『가라앉은 자와 구조된 자』에는 프리모 레비의 경험이 하나 소개되어 있습니다. 레비가 물을 발견하고서 다른 수용자들에게는 알리지 않고 가장 친했던 한 명에게만 알려 둘만 몰래 물을 마셨던 일이죠. 굶는 것보다도 더 괴로웠다는 갈증의 고통을 모두가 겪고 있었을 텐데, 레비는 왜 우연히 얻은 물을 다른 동료들과 나누지 않았을까요? 그것이 극한의 상황에 도달한 인간의 참상일까요?

레비는 강제수용소의 구조된 자들은 최고의 사람들이 아닌 최악의 사람들, 이기주의자들이라고 표현합니다. 왜냐하면 살아남은 자들은 무엇보다 먼저 자기 자신을 돌보아야 한다는 아우슈비츠 수용소의 절대 규칙을 지킨 이들이기 때문입니다. 하지만 구조된 자들은 죽은 사람들보다 더한 고통을 지닙니다. 살아남은 자가 지니는 수치심은 죽은 자들을 죽게 내버려뒀다는, 자기가 대신해서 살았다는 그러한 영구한 죄책감이기 때문이지요. 수용소에 수감되어 있을 때 자살이 일어나는 경우는 드물지만, 모든 것이 끝난 후 생존자들이 수치심으로 평생을 괴로워하다 자살을 선택하는 경우가 많다고 합니다. 실제로 프리모 레비도 그러했고요. 강제수용소 안에서는 감히 '인간'으로 살아갈 수 없었지만, 해방 이후 인간이 된 유대인들이 가장 견딜 수 없었던 것은 죄책감과 부끄러움이었던 것입니다.

다시 말해 인간은 부끄러움을 알기에 인간입니다. 수치심을 갖기에, 양심을 갖기에 인간인 것이지요. 즉, 내가 홀로 존재하지 않음을, 다른 사람에게 도덕적인 책임을 느끼기에 인간입니다. 결국 프리모 레비가 이야기하고자 하는 것은, 무엇이 인간을 인간이게 하는가에 대한 성찰을 끊임없이 하라는 메시지가 아닐까요?

◁◁ 성지민(18세)

저는 진정한 사과에 대해 생각해보았습니다. 레비는 자신이 겪었던 아우슈비츠에서의 경험을 기록한 『이것이 인간인가』가 독일어로 번역된 이후 독일인들에게서 받았던 편지들을 소개합니다. 대부분이 속죄의 메시지였죠. 저 역시도 그 편지를 읽는 순간 '음, 이 사람이 정말 미안한 마음인가 보군'이라고 생각했어요. 그런데 레비는 그 편지를 오만하고 불쾌한 것이라고 말합니다. 자기 합리화를 에둘러 표현한 것이라고 말이죠.

세월호 참사 이후 우리는 많은 위로와 사과를 서로에게 했습니다. 희생자들에게, 생존자들에게, 유가족들에게, 그리고 우리 스스로에게 말이죠. 그런데 과연 그 사과가 정말 그 상대를 위한 것이었을까요? 어쩌면 우리는 우리가 편해지기 위한, 마음의 짐을 덜기 위한 사과가 아니었을까요? 사과하는 그 행위, 조문하는 그 행위만으로 내가 져야 할 책임에서 회피하는 것은 아닐까요? 물론 이 참사에 철저히 책임져야 하는 사람들이 분명히 있겠지만, 앞으로 완전히 새로운 한국 사회를 만들 시민으로서의 책임 말입니다.

만약 우리 사회가 세월호를 빨리 잊고, 또 다른 세월호를 사회 여기저기서 만들어가고 있다면, 우리는 진짜 사과하고 애도한 것이 아닙니다. 그저 미안하다, 잘못했다는 말을 해 용서받고 싶고, 마음의 짐을 얼른 벗어던지고 싶을 뿐이죠. 진실은, 정의는 결코 그렇게 이루어지지 않습니다. 미안하다면, 정말로 슬프다면, 아프다면, 끝끝내 이 괴로운 기억을 놓지 않았던 프리모 레비처럼 그래야겠죠.

저는 '가라앉게 한 자'에 대해 생각해보았습니다. 가라앉게 한 자의 가장 대표적인 예가 유대인 학살에 개입한 관료인 아이히만이겠죠. 그는 "우리는 부지런한 집행자였고 그런 부지런함 덕분에 칭찬받고 진급했다. 결정은 우리가 내린 것이 아니었다. 우리가 자라난 체제는 자율적인 결정을 허용하지 않았기 때문이다. (…) 결정한다는 것은 우리에게 금지되어 있었을 뿐만 아니라 우리는 그것에 무능력해져 있었다"라고 말합니다. 스스로가 결정 능력 부재의 상태였다고 주장하며 면죄부를 요청하지요.

그렇지만 과연 우리는 이를 용인해야 할까요? 아무리 자신의 목숨에 위협을 느꼈거나 공포에 사로잡혀 있다 하더라도, 과연 내가 이런 행동을 하는 것에 대한 잘잘못을 가릴 능력이 전혀 없었을까요? 하다못해 의심 한 자락이라도 할 생각의 여유가 없었을까요? 정신적으로 문제가 있어 이런 생각을 하지 못하는 사람이 아니고서야 힘든 일입니다. 아이히만 같은 사람이 아니더라도 가스학살을 위한 가스를 판매한 사람이나, 악행을 알면서도 함구했던 많은 민간인 증인들은 그 모든 사건을 보면서 왜 진실을 다 감추었던 걸까요? 이 사람들은 의도적인 무지를 자청한 것입니다. 이들도 결국은 대학살을 집행했던 사람과 별반 다를 것 없는 살인마라고 할 수 있습니다.

지금 우리 곁에도 진실을 함구한 많은 증인들이 많습니다. 수많은 언론들이 사건을 왜곡하고 숨기고 조작을 합니다. 그 역시도 외압 때문이라고 진술하겠지요. 이런 사회 구조에서는 어느 것 하나 투명하게 똑바로 진행되기 어려울 것입니다. 언젠가는 모두 틀어지고 드러나고 무너져

내릴 것입니다. 이런 의미에서 '가라앉게 한 자' 중 특히 알고도 의도적 무지 뒤에 진실을 숨기려는 사람들은 실질적으로 가라앉게 한 자보다 더 많기에, 더 큰 파급력을 가지고 올 수도 있습니다. 우리 스스로가 이런 사람이 되지 않기 위해 노력하고 경계해야 하고 배워야 합니다. 그리고 우리가 앞으로 사회를 만들어 나갈 때는 더 투명한 세상을 위해 내가 아는 진실을 더 표현하고 거짓을 진짜 진실이라고 믿지 않는 능력을 키워야 한다고 생각했습니다.

사고의 목격자들, 진술자들
— 『카타리나 블룸의 잃어버린 명예』를 통해 본 진실의 용기

▷◁ 이창희 (17세)

"칼날은 심장을 찌르지만, 펜촉은 영혼을 난도질한다." 『카타리나 블룸의 잃어버린 명예』에서 나온 위의 이 구절은 이 책이 어떤 이야기를 하고자 하는지 알 수 있게 합니다. 이 책은 그 어느 권력보다도 강력한 파급력을 지닌 언론의 구조화된 폭력을 문제 삼은 하인리히 뵐의 작품입니다.

하인리히 뵐의 많은 작품들은 불균형한 사회 발전과 물질주의의 폐해에 대해 다룹니다. 1975년에 발표해 사회적으로 엄청난 반향을 일으킨 『카타리나 블룸의 잃어버린 명예』에서도 현실적으로나 문학적으로 항상 소외받고 억압당하는 약자의 편에 서고자 했던 그의 작품 세계를 볼

수 있습니다. 뵐은 이 책을 통해 '눈에 보이지 않는 또 다른 폭력', 즉 언론의 폭력을 이야기하고 있습니다.

그는 자극적인 기사를 찾아다니고 사건을 꾸미려는 의도까지 보이는 상업주의 언론의 실상을 폭로합니다. 시청률과 판매 부수에 목숨을 거는 언론이 개인의 삶에 어떤 영향을 끼치는지 카타리나라는 인물을 통해 보여줍니다. 카타리나라는 인물은 늘 성실하고 진실한 인간이었지만, 그녀는 결국 살인을 저지르게 됩니다. 그 이유는 그녀가 범죄를 저지른 사람을 도왔다는 이유로 경찰관에게 굴욕적인 취조를 당하고, 그 과정 중 언론인 퇴트게스가 자극적인 언론 보도를 위해 허위 사실을 유포해 범죄자로 찍혔기 때문이죠. 결국 경찰과 언론에 의해 카타리나의 명예가 실추되고 결국 그것이 그녀를 극단으로 몰아넣는 악순환이 나타납니다.

뵐은 이 소설을 이야기라고 말합니다. '이야기'는 화자가 자신의 삶의 경험을 내용으로 삼고, 청자 역시 그 이야기를 자신의 경험으로 가질 수 있게 합니다. 뵐은 이 작품이 세상사와 무관하게 생산된 텍스트가 아니라는 점, 어떤 현실적인 사태에 대해 독자들과 경험을 나누면서 그 진실에 보다 가깝게 접근하고자 쓰인 것이라는 점에서, '소설'이라는 장르를 거부하고 '이야기'로 수용되기를 바라며, 또 그런 의도에 적합한 작품 형식을 취하고 있다고 볼 수 있습니다. 이것으로 뵐은 이런 일이 모두에게 일어날 수 있다고 한 전제로 '소설' 장르를 피한 것이겠죠. 뵐이 '소설' 장르 대신 '이야기'라는 장르를 새로 만든 이유는 현실적인 사태로 독자들과 경험을 나누면서 누구에게나 일어날 수 있는 일을 꾸며 만들었다는 점을 강조하고 싶었기 때문일 것입니다.

▷◁ 김상원(22세)

　비단 언론에 해당하는 것만은 아닙니다. 언론을 수용하고 사건을 계속 지켜보았던 우리 모두에게도 합당한 윤리적 태도가 요구됩니다. 그래서 세월호로 희생된 아이들에게 수없이 많은 시민들이 "미안하다"고 이야기하는 것에 대해 더 고민해볼 필요가 있습니다. 이 '미안'한 마음은 어디에서부터 비롯한 것일까요? 세월호가 침몰하는 데 그 어떤 영향도, 구조작업에서도 아무런 역할도 부여받지 못했던 일반 대중은 왜 그런 마음을 가지게 되었을까요?

　시민들이 가지는 미안함은 프리모 레비의 『가라앉은 자와 구조된 자』에서 나오는 '수치심'으로 설명할 수 있지 않을까요? 책에서 레비에게 편지를 쓴 어떤 독일인은 나치즘에 대해 "그들이 역사의 무대에 또다시 등장한다면 그들과 맞서 싸울 힘을 제가 가지기를 바랍니다. 저는 "수치심"에 대해 말했습니다. 독일인의 손에 의해 당시에 자행된 일은 결코 일어나서는 안 되는 일이었으며 다른 독일인들이 결코 찬성해서도 안 되는 일이었다는 것"을 고백합니다. 의도와 경중의 크기는 달랐으나 이 마음이 아마 대부분의 시민들의 마음과 같았을 것입니다. 무고한 희생 앞에 무력한 데에 대한 좌절과 이에 맞설 수 있는 힘을 가질 수 있기를 바라며 이런 사고가 절대로 일어나서는 안 되는 일이었다는 뼈아픈 반성. 또한 한 독일인 여학생은 편지에서 "민족들 가운데 가장 야만적인 민족에 속한 데서 오는 형언할 수 없는 수치심"에 대해 이야기합니다. 이 역시 시민들이 느끼는 책임감 없는 어른들에 속해 있다는 것에 대한 속죄의 심정과 같을 것입니다.

그러나 두려운 것은 미안한 마음에서 우리의 책무가 끝난다는 착각입니다. 짙은 슬픔의 분위기와 죄책감의 그늘은 사람들에게 곧 큰 부담으로 다가옵니다. 경주마 같은 언론들의 보도는 사람들을 피곤하게 하고 떨어지는 경제 지표들은 서둘러 사람들이 일상으로 복귀하기를 바라죠. 여기서 일상에 복귀한다는 것이 곧 아무것도 달라지지 않은 채 잊게 된다는 뜻이 될까봐 두렵습니다. 위의 책에서 어느 독일인은 "우리에게 절대 허용될 수 없는 일은 잊어버리는 일입니다"라고 쓰기도 했지요.

여기서 '기억한다'는 것은 단순히 "그런 사고가 있었지, 다시 일어나선 안 돼"라는 의미 없는 낙관을 가지라는 것이 아닙니다. 대다수의 사람들은 잘 몰랐고 저항의 방도를 찾지 못했다고 이야기합니다. "우리가 무엇을 할 수 있었겠습니까? 그럼에도 아무것도 할 수 없었다는 생각은 아직도 우리를 괴롭힙니다. 당신께 빕니다. 제발 우리를 이해해주세요!" 그러나 이에 맞서 싸우는 힘은 어쨌든 '무엇인가를 하는' 선택에서 비롯합니다. 바틀비처럼 명령을 거부하는 것, 혹은 이후 세대에게 정확하게 이 비극에 대해서 증언하는 것, 본체 없는 공포에 질리지 않는 것 등 다양한 형식으로 우리는 행동할 수 있습니다. 이것들이 설사 어렵고 두려우며 부끄러운 일일지라도 그것만이 이런 상황을 만들어낸 세대가 할 수 있는 속죄일 것입니다.

한편으로 젊은 세대들은 이 사고로 대표되는 모든 압제의 피해자일 수밖에 없겠죠. 청소년들에게는 이런 세계를 거부할 수 있는 최소한의 투표권마저 없었으니까요. 그럼에도 남겨진 젊은 세대는 앞으로 어떻게든 이 사고의 흔적을 품고 살아갈 것입니다. "이에 대해 완전히 인식하고 있으며 어제의 공포와 고통이 내일 되풀이되는 것을 피하기 위해 그 공포와 고통들을 완화하려 애쓸 것"이라는 한 독일인 여학생의 이야기처럼 우리 세대는 이 고통에서 단순히 벗어나는 것이 아니라, 원인과 결과에 대한 정확한 이해와 비합리적 요구에 대한 정당한 반발과 이를 가능하게 하는 현실 구조에 대한 의문을 가지고 이런 일을 절대로 일으키지 않는 세대로 고차원적 회복을 해내야 합니다.

다수의 일반 시민들이 이번 사건을 통해 느끼는 고통과 좌절은 희망이지만 동시에 위기입니다. 이런 분노와 희생을 치르고도 만약 달라지지 않는다면 세상은 과연 얼마나 더 끔찍해질까요? 더 이상 몰랐다는 변명을 할 수 없는 시대에서 진짜 진실을 증언할 수 있는 이들은 원칙이고 최고의 사람들이었을 '가라앉은 이들'이겠지만 이들은 더 이상 증언할 수 없습니다. 남은 우리는 예외이며, 단지 행운이나 수완으로 증언할 수 있는 힘을 얻었죠. 따라서 이해 불가능한 그 일들에 맞서 싸우는 책임은 그러므로 오직 남겨진 우리에게 있다는 것을 명심해야 합니다.

▷◁ 이혜진(22세)

폴란드의 영화감독이자 시각예술가 아르투르 즈미예프스키가 몇 년 전 베니스 비엔날레에서 46분짜리 필름 〈반복^{Repetition}〉을 발표했습니다. 필립 짐바르도의 '스탠퍼드 교도소 실험'이라는 유명한 실험에서 모티프를 가져온 것입니다. 필립 짐바르도는 무작위로 선택된 사람들을 죄수와 간수 두 그룹으로 나누어 하나의 공간 안에 일정 기간 가두고 그들의 행동을 관찰했습니다. 짐바르도의 실험은 끔찍한 결과를 낳았고, 며칠이 지나지 않아 실험을 중단해야만 했습니다. 간수들은 고문관이자 살인마가 되어가고 있었고, 죄수들은 그 희생양이 되었기 때문입니다.

즈미예프스키의 실험은 이와 똑같은 조건에 실험자들을 배치합니다. 하지만 정확히 반대의 결과가 나왔죠. 즉, 양측의 실험자들은 이러한 문제적 조건 하에서 상호 이해, 관용, 연대의 정신으로 서로 협력했고, 그러면서 상호 만족을 고취시키면서 인간적인 공동 생활 양식을 만들어냈습니다. 아주 고무적인 사실이지요.

우리는 짐바르도의 실험을 기억합니다. 인간의 추악함과 잔혹성, 악의 평범성에 대해 말이지요. 하지만 즈미예프스키의 실험도 동일한 증명입니다. 인간은 상호 의존적이고 이타적이며 연대적이고 공동체적이라는 사실 말입니다. 똑같은 상황에서도 어떤 선택을 해내느냐, 구성원들의 의지와 결정에 따라 인류의 역사는 바뀔 수 있습니다.

진실이 무엇인지 우린 알 수 없습니다. 무엇이 정녕 정의로운지에 대한 정답은 세상 어느 곳에도 없습니다. 다만, 고귀하고 존엄한 존재로 살아남고자 하는 정신, 그 담대한 결정은 우리를 진정한 인간이도록 합니다. 부조리함과 폭력성에 가라앉지 않도록, 악의 평범성에서 구조되도록, 그렇게 살아남은 자가 되어 끊임없이 성찰하고 미래를 향해 나아가도록 하기 때문입니다.

지금 우리 앞에 닥친 이 고통스러운 시간들 앞에, 우리는 과연 어떤 역사로 남을 것인가, 그리고 어떤 인간으로 살아갈 것인가. 그를 고민하는 것이 바로 진실에 대한 용기이자 정의에 가닿기 위한 노력이 아닐까요?

3

새로운 세대,
사랑과 희망의 전사 바리가 되다

세월호 참사가 일어났을 때, 많은 매체에서 이전에 일어났던 비슷한 사건들에 대한 기사를 썼습니다. 사건의 진행, 언론의 왜곡, 정치나 구조의 무능함, 시민들의 미안함과 애도도 이번 참사와 크게 다를 바 없는 모습이었습니다. 그런데 그런 비극이 이번에 또다시 되풀이되어 일어났다는 것은 우리 사회가 큰 고통을 겪고도 그에 제대로 된 응답을 하지 못했음을 의미합니다. 권력을 가진 이들이 반성하지 못했음은 물론이거니와 희생자들의 아픔에 공감하고 함께 슬퍼했던 당시의 어른들, 상처받은 청소년들 역시도 그 잘못들을 바꾸지는 못했습니다.

결국 세월호 참사가 일어난 것은 우연한 일이 아니며 단순히 몇 사람만의 잘못도 아닙니다. 사회 전체가 오랫동안 용인했던 비상식적이고 무책임한 행동들을 보며 우리는 언제든 가라앉을 수 있는 배를 타고 있다는 두려움을 느껴야 했습니다. 결국 우리가 세월호 참사를 통해 무언가 배우고 달라질 수 있으려면 이전의 잘못에서 완전히 분리된 새로운 세대가 되어야 합니다. 특히 오늘날 사회의 여러 위기 상황은 새로운 세대의 탄생이 선택이 아니라 사람들이 최소한의 존엄을 지키며 살아가기 위해 필수적인 일이 되었음을 보여줍니다.

지금 우리 삶의 방식과 태도는 기존의 낡은 권력이 요구하는 탐욕과 패배감에 길들여져 있습니다. 개인의 삶은 서로 경쟁하고 진정한 배움에서는 멀어졌으며 실패를 모조리 스스로 책임져야만 하는 위기에 처해 있습니다. 그리고 사회적으로는 매일 들려오는 부패하고 부정한 뉴스에 익숙해지고 타인의 고통에 무감하며 이 모든 문제들이 해결될 수 있을 거라는 희망을 이미 포기한 상황입니다. 이런 식이라면 아무리 큰 위기 의식을 느꼈다고 할지라도 우리가 만들어갈 세상은 조금도 달라지지 않을 것이 분명합니다. 그렇다면 우리가 반드시 이루어야 할 새로운 세대는 어떤 모습이어야 할까요? 우리는 새로운 세대의 필요성이나 그들이 만들어갈 더 나은 사회에 대해 쉽게 상상할 수 있지만, 그들의 모습과 역할을 구체적으로 그리는 일에 어려움을 겪을지도 모릅니다. 왜냐하면 우리는 새로운 세대로 살아본 적도, 그렇게 되도록 교육받거나 그러한 습관들을 지녀본 적도 없기 때문입니다.

그러던 중 새로운 세대가 갖추어야 할 모습들을 가진 소녀를 만나게 되었습니다. 바리는 우리 민족에 오랫동안 전해 내려오는 신화 '바리데기' 이야기의 바리공주를 말합니다. 신화 속에서 바리는 아버지의 병을 고치기 위해 끝도 없는 세계, 서천서역국에서 고생하는 엄청난 효녀의 모습입니다. 하지만 김선우 시인이 『희망을 부르는 소녀 바리』에서 새롭게 주목한 바리는 우리가 그동안 들었던 이야기 속 모습과는 조금 다른 눈매를 가졌습니다.

버려진 존재들이 품은 '희망'

"바리공주는 자신이 버려졌다는 것 때문에 고통스러웠지만 자신의 고통 외에 다른 사람의 고통을 생각해본 적이 없다는 사실 때문에 또한 부끄러웠다. 버려졌기 때문에 바리는 자신을 더욱 사랑했다. 한 번 버려졌으니 절대로 두 번은 버려지지 말아야 한다고, 자신을 더욱 사랑해줘야 한다고 스스로 생각했다. 그런데 수미산 바깥의 세상은 마치 통째로 버려진 것만 같았다. 불나국의 백성들은 조정으로부터 내팽겨진 채 고통 속에 죽어가고 있었다. 이런 세상을 보지 못했다면 모르고 살았겠지만, 본 이상 잊을 수 없는 화인이 바리공주의 가슴에 찍혔고, 이대로는 수미산으로 돌아간다 해도 예전처럼 살 수 없다는 것을 바리공주는 깨달았다."

바리데기 신화에서 바리는 자신을 버렸던 부모님에 대한 지극한 효성으로 서천서역국으로 떠났다고 합니다. 하지만 김선우 시인의 소설 속에서 바리는 전혀 다른 이유로 길을 떠납니다. 공덕할멈과 할아범의 보살핌으로 수미산에서 편안히 살았던 바리는 친부모를 만나기 위해 처음으로 수미산을 나와 세상의 모습을 보고, 큰 충격을 받게 되죠. 세상에는 먹을 것이 없어 진흙을 파내어 먹고, 그 구덩이에 죽은 아기를 묻어야만 하는 백성들의 처참함이 가득했기 때문입니다. 자신이 알았던 세계 밖의 고통을 보고 바리는 여태까지 이들의 고통을 모른 채 버림받은 자기의 고통만 생각했던 것에 부끄러움을 느끼고 이들의 고통을 도와줄 수 없음에 가슴 아파합니다. 결국 사회를 바로잡기 위해서는 아버지인 오구대왕의 병이 나아야 하기에, 바리는 기꺼이 약을 구하러 기약 없는 길을 떠났던 것입니다.

바리가 자신을 사회적 존재로 깨닫는 가장 첫 감정은 다름아닌 '부끄러움'이었습니다. 타인의 고통에 무지했던 자신에 대한 부끄러움, 그 고통에 무감하고서 개인의 안위와 행복을 느낄 수 없다는 진실한 삶에 대한 깨달음 말입니다. 즉, 인간으로 다시 태어난 것입니다. 그러나 바리가 팔만 사천 지옥에서 알게 된 억울하게 고통받는 더 많은 영들을 위해 저승을 지킨 지 수천 년이 흘렀지만 여전히 지구 반대편에는 진흙으로 쿠키를 구워 주린 배를 채우는 이들이 있고, 가슴에 자식을 억울하게 묻어야만 하는 가슴 아픈 사연들이 남아 있습니다. 책에서는 이를 "영문 모르고 버려지는 것들의 슬픔이 있는 한 오늘도 이 이야기는 이렇게 시작"된다고 이야기합니다. 그렇다면 바리 이야기는 오늘도 계속해서 이어져야 하겠지요.

▷◁ 김서영(15세)

바리가 현대 사회에 온다면 아프리카에서 굶어 죽어가는 사람들에게 가야 한다고 생각합니다. 아프리카에서 태어나는 아이들은 아무 잘못도 없이 밥과 물을 제대로 먹지 못하고, 인간의 기본권조차 누리지 못한 채 죽어갑니다. 이들에게 바리가 생명수 같은 존재가 되어줘야 합니다. 어딘가엔 음식이 남아 버려지는데 어딘가엔 부족해 사람들이 죽어가는 것은 자신의 이익만을 생각하는 이들이 있기 때문입니다. 그런 사람들의 생각이 바뀌고 소외당하는 사람이 없기를 진심으로 바랍니다.

▷◁ 하보원(14세)

우리가 지금 가져야 하는 희망에 대해 깊이 생각해봐야 합니다. 만약 우리가 아무런 행동을 하지 않으면서 그냥 희망만을 이야기한다면 지구 반대편에서 힘들게 먹고 사는 아이들에게 희망을 가지라는 말이 과연 어떻게 들릴까요? 그 아이들에게 실제로 조금 더 편안한 내일을 만들어줄 수 있는 구체적인 방법과 계기, 그리고 그런 생각을 아이들이 할 수 있게 하는 힘이 필요합니다.

▷◁ 정세현(14세)

우리는 자신이 처해 있는 상황이 더 나아지기를 바라는 마음으로 희망을 생각하는 경우가 많습니다. 그렇지만 바라기만 하면 이 사회는 영원히 변하지 않을 것입니다. 미국의 사회운동가 프란시스 무어 라페는 희망이 명사가 아니라 동사라고 이야기했습니다. 그 말은 우리가 생각하는 것에서 그치지 말고 계속 그것을 향해 나아가야 한다는 뜻입니다. 결국 우리 서로가 더불어 살면서 함께 희망이 이루어지도록 해야 합니다.

갑작스럽게 무언가를 이루는 것은 어렵습니다. 갑작스런 변화이기도 하고 모두가 그것에 익숙하지 않기 때문입니다. 하지만 큰 그릇은 늦게 만들어진다는 말처럼 희망하는 것들을 조금씩 바꿔가면서 서로에게 용기와 힘을 북돋아 줘야 합니다. 희망을 품은 이상, 우리는 예전처럼 살 수 없기 때문이지요.

▷◁ 장유정(14세)

"바리공주는 버려졌다는 것 때문에 고통스러웠지만 자신의 고통 외에 다른 사람의 고통을 생각해본 적이 없다는 사실 때문에 또한 부끄러웠다"는 구절처럼, 우리는 이 부끄러움도 느낄 줄 알아야 합니다. 자신을 사랑하는 마음이 '나만 좋으면 돼' 하는 이기심이 되어서는 안 되겠지요. '역지사지'라는 사자성어처럼 다른 사람의 입장에서 생각해볼 때 참다운 희망을 만들 수 있습니다. 우리의 희망은 이처럼 나를 사랑하는 마음에서 시작합니다. 다른 사람의 입장이 되어볼 때 비로소 만들어지고요. 우리가 꿈꾸어야 할 희망은 밤하늘에 소박하게 빛나는 작은 별들입니다. 별 하나 하나가 모여 마침내 어둠을 덮어버릴 빛이 완성됩니다. 희망은 '할 수 있다'입니다. 우리는 지금의 현실을 극복할 수 있다, 우리는 미래에 아름다운 삶을 살 수 있다, 우리는 희망을 만들 수 있다!

▷◁ 황선진(14세)

우리가 흔히 말하는 희망은 지금 내가 처한 상황에서 좋은 쪽으로 나아지거나, 구원되기를 바라는 마음을 지칭하는 것 같습니다. 그렇기에 희망에는 여러 가지 종류가 있고 사람마다 다릅니다. 종교를 희망이라 생각하며 살아가는 사람도 있을 것이고, 동경의 대상을 두고 희망이라 할 수도 있을 것입니다.

희망을 꿈꾸는 것은 자유이지만 나에게 도움이 되고 남들에게까지 힘이 되어주는 희망을 꿈꾸는 것이 더욱 현명하지 않겠습니까. 우리가 어떤 희망을 꿈꿔야 하는지에 대한 정답은 없습니다. 그러나 의미 있는 답은 있습니다. 바로 '공동선'입니다. 나와 이웃에게도 희망을 나누어주는 것. 많은 사람에게 용기와 힘이 되어주는 희망, 그게 우리가 꿈꿔야 할 희망이 아닐까 싶습니다.

소녀 바리가 피워냈던 '사랑'

> "어머니. 소녀는 버려져서 원한을 품게 되면 재앙신이 되어 스스로를 심화 지옥에 가둘 것이로되, 버려졌더라도 끝끝내 사랑을 품으면 자유에 이를 수 있음을 알았습니다. 먼저 깨달은 자의 소명으로 소녀는 버려져서 아파하는 여리고 어린 목숨들을 보살피는 이가 되고자 하옵니다."

바리는 아기일 때, 딸이라는 이유로 불나국의 국왕인 부모님께 버려져 수미산에서 공덕할멈과 할아범의 보살핌으로 자라납니다. 처음에 바리는 세상과 단절된 채 자연 속에 머물며 부모님이 자신을 버렸다는 상처에서 자신을 지키기 위해 애씁니다. 그러나 늙고 병든 부모님이 자신을 찾는다는 말에 수미산을 나와 더 넓은 세상을 만나고 사람들의 고통을 보게 되자, 자기 혼자만의 고통에 빠져 있었다는 생각에 부끄러움을 느끼지요. 바리는 곧 다른 이에게 공감하여 함께 상처를 치유하려 애쓸 때, 스스로의 상처마저 뛰어넘는 더 큰 평화가 찾아온다는 것을 깨닫게 됩니다.

인용한 바리의 말은 버려진 한 소녀가 더 이상 자신의 상처에 갇히지 않고 세계에 눈을 뜨게 되었음을 의미합니다. 버려진 존재로 운명에 순종하는 것이 아니라 스스로의 운명과 싸우고 자신을 구원하겠다는 의지의 선언이지요. 더불어 먼저 그 사실을 깨달은 사람으로서 이 세계에 고통받는 다른 이들까지 책임지고 껴안겠다는, 성장한 모습을 보여주기도 합니다.

▷◁ 최규리(15세)

바리는 우리 민족이 오랫동안 믿어온 무속신화 속의 여신입니다. 바리가 혼란에 빠진 21세기 대한민국을 찾아온다면 어떤 변화가 일어날지 정말 기대되지만, 우리가 바리의 존재를 대신할 수 있게 된다면 그보다 좋은 일은 없으리라 짐작합니다.

서천서역국의 흰 빨래를 검게 하고 검은 빨래를 희게 하라는 마고할미와 괴팍한 탑 쌓는 노인의 시험을 거쳐, 팔만 사천 지옥까지 건너 무장승과 함께 약수를 구해 오구대왕을 살려낸 바리에게는 두 가지의 선택권이 주어졌습니다. 나라의 절반과 사대문 안으로 들어오는 재산의 절반을 얻어 15년 넘게 떨어져 살았던 어머니 길대부인 옆에서 평생을 오순

도순 살 수도 있었죠. 하지만 바리는 이 모든 혜택들을 마다하고 자신의 도움을 필요로 하는 곳으로 발걸음을 자처합니다.

바리는 서천서역국 황천강으로 가서 길 잃은 영혼들을 인도하며 그들을 위로합니다. 가슴에 묻은 자식을 15년 만에 만나 함께 살자 하는 어머니 길대부인을 타이르며, "죽음은 삶과 한 쌍"이라며 죽음도 사랑을 얻으면 삶이 된다고 말합니다. 태어나자마자 부모에게 버림받은 것으로 한 번 죽은 바리가 그를 돌보아준 비럭공덕할멈과 할아범의 사랑 덕분에 살고, 타인의 고통과 비참함에 부끄러움을 느끼면서 마침내 자신이 받은 사랑을 베풀기에 이르는, 바리의 온 인생이 담겨 심금을 울리는 한마디였습니다.

돈과 명예를 좇아 헤매는 사람들이 개개인의 사사로운 욕심에 휘둘리지 않고 자신을 필요로 하는 사람들의 곁에 가서 그들을 도울 수 있게 된다면, 우리 사회는 비로소 사랑을 얻어 삶다운 삶이 가능한 곳이 될 것입니다.

▷◁ 이지원(14세)

우리는 모두 저마다의 운명이 주어집니다. 선택하지 않아도 우리의 가족, 외모, 환경 같은 것들이 주어집니다. 바리가 부모님께 버려졌듯 말입니다. 그렇지만 우리는 이 운명에 이끌리거나 휘둘리면 안 됩니다. '운명의 주인 영혼의 선장'이라는 말을 기억하고 우리는 모두 저마다의 운명의 주인이 되어 영혼을 이끌어가는 사람이 되어야 합니다. 바리처럼요. 그녀가 그녀의 운명을 찾아나기 시작한 그때부터 그녀는 진정한 바리로 거듭나기 시작했습니다. 저는 우리 모두가 운명의 주인이 되어, 바리처럼 당당하게 세상과 마주 볼 수 있었으면 좋겠습니다.

누구도 버려지지 않는 '세상'

"스스로에게 가장 적합한 행복을 찾아내는 능력이 필요한 것이지, 성공이라고 일괄 제시되는 외부의 가치에 물음표를 던져야 한다고 말이지요. (…) 핵심은 바로 바리의 이야기에 경쟁과 원한과 복수가 없기 때문입니다. (…) 자신만의 행복의 감각을 통해 스스로 자유로워져야 하지요. 참된 자아를 찾아서 모험하는 바리, 사랑을 통해 강해지는 바리, 자신을 부정한 존재를 원한과 증오가 아닌 포용과 용서로 끌어안음으로써 세계의 상처를 향해 손 내미는 바리공주는 지금과 같은 시기에 우리에게 꼭 필요한 힘이 무엇인지를 생각하게 합니다."

책 속에서 발견했던 바리의 모습들을 통해 우리 역시 새로운 세대로서 우리가 어떤 태도를 가져야 할지 찾을 수 있었습니다. 우리는 어쩌면 편안하게 수미산에서 살아가느라 세상의 고통에 아직 눈뜨지 못했는지도 모르고, 아니면 언론을 통해 쏟아져 나오는 고통에 무감각해졌는지도 모르지요. 하지만 이 책을 쓴 김선우 선생님은 상처가 너무 많아서 진부해질 수는 없다고 합니다.

타인의 고통에 공감하는 윤리성과 자기 스스로 운명을 개척해 나가려는 자유로운 의지, 물질보다 다른 가치를 선택할 수 있는 용기와, 경쟁과 복수 대신 사랑과 포용으로 타인을 돌볼 수 있는 희망은 이제 청소년에게만 가능한 덕목일지도 모릅니다. 그렇다면 우리가 희망을 만들어갈 수 있는 힘을 가진 청소년으로서 어떤 희망을 꿈꿔야 할까요? 앞세대에게까지 기꺼이 손 내밀 수 있는 바리의 희망을 우리는 과연 지켜낼 수 있을까요? 그 희망을 이뤄가기 위해 어떤 태도로 노력해야 할까요?

▷◁ 김광욱(15세)

자신을 버린 부모님이 있습니다. 그러나 그 부모님이 편찮아서 자신이 없으면 살 수가 없습니다. 여러분은 어떤 선택을 하실 건가요? 도의적으로 생각하면 당연히 부모님을 위해 가야 하겠지요. 자신을 낳아준 부모님이니까요. 그러나 현실적으로 이 문제는 굉장히 고민이 됩니다. 과연 내가 나를 길러주지도 않은 부모님을 위해 목숨까지 걸어야 하는가. 이 소설의 주인공 바리는 죽음을 무릅쓰고 험난한 길을 향해 발걸음을 내딛습니다. 하지만 단순히 자신의 '아버지'이기 때문이 아니라, 온 나라 백성들을 고통에서 구제할 권력을 가진 '모든 이의 아버지'를 살리기 위해서였지요.

책의 구절 중 "나라도 싫고 재산도 싫습니다. 저는 버려짐으로써 사랑을 얻은 존재이니 버려진 것들의 혼을 이끌고 마음을 다독여 새 삶으로 이끄는 이가 되겠나이다"라는 구절이 있습니다. 이는 곧 사리사욕을 버린 채 도움이 필요하고 외롭고 버려진 사람들을 돕고 애도하겠다는 의미입니다. 인간이란 탐욕을 가지는 것이 본능이라고 생각합니다. 그러나 우리가 이 세상을 살면서 희망해야 할 것은 탐욕을 자제하고 억누르며 배려와 관심을 타인에게 주는 사회가 아닐까요? 세월호 참사가 자신의 일이 아니라서 덜 신경 쓰이나요? 자신의 일이 아니더라도 정말 자신이 죽을 상황이나 위험한 상황이 아니라면 관심을 갖고 배려를 하는 사회를 지향하는 것이 어떨까요? 우리는 바리처럼 대의를 향해 나아갈 수 있는, 그 대의가 자신의 행복과도, 다른 모든 이들의 행복과도 연결이 되어 있는 삶을 살아가야 합니다. 오늘도 이 질문을 저 자신에게 묻고 답하고 또 묻고 답하며 새로운 사회의 등불을 밝혀가려고 합니다.

▷◁ 조은서(15세)

현대 사회에는 기댈 곳이 없어 하루하루를 힘겹게 살아가는 사람들이 많습니다. 저는 독거노인, 노숙자와 같은 사람들이 기댈 수 있는 존재가 늘어나는 것이 희망이라고 봅니다. 부자는 부자가 되고 가난한 자는 계속 가난해지는 것이 이 사회입니다. 우리나라 재벌들은 점점 더 많은 부를 축적해가는데, 직업과 꿈이 없는 소외된 자들은 점점 더 어려워지거나 현재의 상태를 겨우 유지해 나가기만 합니다. 이런 사람들이 더 어려워지는 까닭으로는 기댈 곳이 없는 것도 한 이유인 것 같습니다.

봉사정신이 부족한 우리 사회에서 기댈 존재를 마련하기가 쉽지는 않겠지만 말로만 모두가 아닌 진실로 모두가 웃을 수 있는 사회를 만들기 위한 희망은 이런 것이라고 생각합니다.

▷◁ 서영대(14세)

　인류는 지금까지 엄청난 발전을 이루어냈습니다. 불의 발견, 전기의 발견 등이 그 예가 될 수 있겠지요. 세상은 인류 초기에 비해 훨씬 많은 것들이 바뀌었고, 발전이라기보다는 진화에 가까울 정도로 많은 것을 해냈습니다. 하지만 이런 많은 발전을 이루었는데도 세상에는 영문도 모른 채 버려지는 것들이 많습니다.

　바리가 살던 시대부터 지금까지 눈부신 성장을 하였다고 해도 아직까지 이 세상에는 많은 것들이 버려지고 있습니다. 또한 이들의 슬픔이 계속 이어지고 있습니다. 그들은 사람이 될 수도 있고 동물도 될 수도 있고 사물이 될 수도 있습니다. 그들이 바리처럼 희망을 찾도록 도와주어야 합니다. 그리고 다시는 버려지는 것들이 없는, 진정으로 진화한 그런 세상을 만들어야 합니다.

▷◁ 공도웅(16세)

　도구가 발달하고 물질이 풍족해졌습니다. 문명이 발달하고 사회가 복잡해졌습니다. 역사의 페이지는 늘어나는데 삶을 영위하는 사람들은 자신의 본질을 잊어가는 듯합니다. 돈, 재산, 권력을 추구하여 사리사욕을 채우는 것이 아닌, 지식과 도덕, 앎을 추구하여 마음의 양식을 채워야 합니다. 산업의 발달로 도래한 개인주의가 아닌 서로 뭉치고 도와주고 협동하며 관심을 가져주는 따뜻한 인간적인 본질을 찾아야 합니다. 자연의 위대함을 이해하고 그것을 아끼는 본능을 반드시 회복해야 합니다.

　세계 곳곳에서 본질을 잊어 발생하는 여러 문제들을 찾을 수 있습니다. 삼풍백화점 붕괴, 성수대교 붕괴, 대구지하철 참사, 세월호 참사 등 세계 경제 10대 강국임에도 불구하고 천재^{天災}보다는 인재^{人災}가 더 많이 일어나는 이상한 나라, 그리고 다양한 재능을 가진 아이들을 단일한 교육 시스템 안에 가두어 엄청난 경쟁을 시키는가 하면, 먹을 것이 남아돌아 음식물 쓰레기가 많이 생기는데도 세계의 절반은 굶주리는 아이러니한 상황, 그리고 소위 재벌 1%에게 편재된 부로 인해 형성된 보이지 않는 신분······.

본질을 잊은 사회 속에서 희망을 찾고 이루기 위해 나는 무엇을 하고 있는지 반성하고 또 생각해봅니다. 그리고 사회가 복잡해질수록 우리는 우리다운, 사회는 사회다운 것을 실현해 나가야 하고 각자의 위치에서 각자의 역할과 책임을 다하는 자신다운 자신을 만들어가야 하지 않을까 생각해봅니다. 바리는 부모로부터 버림을 받았지만 시련을 극복해가면서 자신의 본질을 찾아갑니다. 그리고 바리다운 진정한 자신을 찾아냅니다. 이러한 면에서 본질을 잊어가는 혼탁한 사회에서 새로운 방향을 제시하고 희망을 줄 수 있는 바리는 우리가 생각하는 이상적인 새로운 세대의 인물이 아닐까요?

4

선생님, 울어도 됩니다
—우리 시대에 보내는 편지

세월호 참사가 일어난 다음날이었습니다. 국어 선생님께서는 수업시간에 김선우 시인의 「단단한 고요」를 읽어주셨습니다. 그런데 "물 속으로 가라앉으며 안녕 안녕 가벼운 것들에게 이별 인사하는 소리"라는 구절에서 울음을 터뜨리시고 말았죠. 수업은 더 이상 진행되지 못했고, 반 친구들은 웅성거리기 시작했습니다. 선생님의 눈물을 마주하게 된 것이 당혹스럽기는 했지만 대부분 선생님의 마음을 이해하고 있었습니다. 수백 명이나 되는 친구들이 물속에 잠겼다는 사실은 우리에게도 크나큰 충격과 공포였으니까요.

　하지만 그 순간은 오래가지 못했습니다. 복도를 지나가던 교장 선생님께서 국어 선생님을 부르셨기 때문입니다. 교장 선생님은 아이들이 동요하지 않게 눈물을 닦고 수업을 진행하라고 하셨습니다. 교장 선생님께 국어 선생님의 눈물은 수업을 방해하는 장애물일 뿐이었습니다. 그리고 국어 선생님은 당신의 가장 인간적인 모습들을 꾹꾹 눌러 담을 수밖에 없었습니다. 하지만 선생님이 눈물을 쏟으시면서 우리와 함께 비극적 참사에 대한 슬픔과 생각을 나누었다면, 타인의 아픔에 공감할 수 있는 능력을 배울 계기가 되었을 것입니다. 그리고 타인의 고통에 당연히 눈물 흘리는 법을 배울 수 있었을 것입니다. 그것이 진짜 문학이고, 시이고, 공부가 아닐까요?

배가 기울고 있는 순간에도 "가만히 있으라"라는 말을 믿은 아이들을 떠올립니다. 우리는 이처럼 마땅히 의심해야 할 것에 의심하지 못하고, 행동해야 할 때 행동하지 못하도록 교육받아 왔습니다. 따라서 스스로 선택하고 책임지지 못하는 것이 오히려 '정상'으로 여겨지는 시대가 되었지요. 이런 교육은 우리를 무력하게 만들고 패배의식에 사로잡히게 했습니다.

그럼에도 이 속에서 희망을 발견할 수 있었던 것은 변화를 결심하는 작은 마음들이 있었기 때문입니다. 칠판에, 교실에, 뒤뜰에, 우리 교복 위에 노란 리본들이 하나둘 자리 잡기 시작하고 모두들 분향소를 방문해 생존자들이 돌아오길 기도했습니다. 많은 친구들이 떠나간 이들을 그리며 눈물을 머금고 있습니다. 우리는 이 노란 리본의 마음을 계속해서 기억하고 간직할 필요가 있습니다. 모든 이들이, 온전히 돌아오기를 기다리는 것. 기나긴 기다림의 시간을 함께하는 발걸음. 아픔이 잊히지 않을 영원의 시간 동안, 지치지 않겠다는 굳은 다짐. 변화는 그 마음에서만 시작될 수 있을 것입니다.

저는 제 마음에 리본을 달아준 선생님께 편지를 써보았습니다. 여러분들도 마음에 리본을 달아주고 싶은 사람들을 생각해봅시다. 그래서 우리 스스로 눈물을 흘리고 또 닦을 수 있도록, 그 마음을 전해주세요.

선생님께 보내는 편지

▷◁ 박경민(18세)

국어 선생님께.

선생님 안녕하세요! 저는 2학년 7반 학생인 박경민입니다. 이렇게 제가 선생님께 편지를 쓰게 된 이유는 선생님의 정직한 마음을 알리고 싶었기 때문이에요. 이전에 선생님이 시를 읽고 눈물을 흘리시던 모습을 기억합니다. 세월호 참사가 일어난 바로 다음 날, 구조자가 단 한 명도 없는 상황에서 사람으로서 그 시를 읽고 느낄 수밖에 없는 슬픔이었지요. 당연한 감정이었음에도 불구하고, 남의 아픔을 같이 아파할 수 있는 능력인(이걸 '능력'이라고 칭하는 것조차도 민망할 정도로 당연한) 공감 능력은 현재 우리 사회, 특히 권력자들에게 많이 결핍된 것 같아요.

학교는 그런 눈물보다는 시의 심상을 배우고, 주제를 배우는 수업을 더 좋아하겠지요. 하지만 마음으로 느끼지도 못하는 공부를 해서 잘 치는 시험이 무슨 의미가 있을까요? 자식을 살려달라고 울부짖는 학부모들 앞에서 기계적으로 셔터만 눌러대는 기자들, 시체 수습을 실적으로만 생각하는 해경들, 집회가 소집될까봐 검은 옷을 입거나 노란 리본을 달고 다니는 시민들에게 어디 가냐고 사사건건 물으며 통행을 방해하는 경찰들, 그리고 소중한 국민들이 차디찬 바다 속으로 가라앉는 와중에도 국민의 소비심리가 위축되는 것을 우려하는 대한민국의 리더 대통령까지. 많은 사례들이 우리 사회의 공감 능력 결핍 현상을 단적으로 보여줍니다. 언제부터 우리는 타인의 고통을 느끼지 못하는 인간이 되어버렸을까요?

　점점 공감하는 마음이 결핍되어 가는 우리를 보면 정말 안타깝기도 하고, 한편으론 제가 혹시 나중에 그런 사람이 되진 않을까 하는 걱정도 문득문득 들어요. 하지만 그와는 반대로, 선생님의 그때의 그 감정은 진솔하고 참되었다고 생각해요. 그렇기 때문에 저에겐 큰 의미로 다가왔고 선생님 같은 분이 더 많아지면 좋겠다고 생각했어요.

　유가족을 취재하는 기자도, 뉴스도, 대중들의 관심도 점점 줄어드는 이 상황에서 독자들에게 선생님의 그 마음을 알리고 싶어요. 공감하지 못하는 대한민국, 책임의식이 없는 대한민국 사회에서 새로운 세대인 저희들은 어떤 공부를 해야 하고 어떤 감수성을 키워나가야 할까요? 정말 대한민국이라는 이 배는 안전하게 잘 나아갈 수 있을까요? 이러한 사회에서 선생님 같은 분이 많아지길 바라면서 편지를 마칩니다.

언론인들에게 보내는 편지

▷◁ 김기환(17세)

세월호를 취재하는 기자님들께.

4월 16일 수요일. 누군가에게 새로운 출발과 휴식, 혹은 학창시절 한

번뿐인 수학여행이었을 여정이 안타까운 참사로 이어졌습니다. 이후 300명이 넘는 희생자들의 발인이 이어졌지만, 아직까지도 찾지 못한 실종자는 차가운 바다에서 눈을 감지 못하고 있을 것입니다.

어찌된 영문인지 사고에 항의하고 진실 규명을 외치며 집회를 하던 사람들은 경찰에 잡혀갔고, 그런 상황을 중앙언론이 아닌 SNS를 통해서만 전해들을 수 있었습니다. 해외 뉴스채널에서는 바다의 실시간 온도와 생존자들의 위치 등 재해에 대한 필요한 정보를 알려주는 데 반해 한국 뉴스채널에서는 보험금을 계산하고 있었습니다. 아이를 살려달라고 무릎 꿇고 오열하는 어머니를 향해 기계적으로 플래시 세례를 터뜨렸던 많은 기자들은, 사건이 해결되기도 전에 철수해버렸습니다. 체육관에서 더 이상 캐낼 것이 없기 때문이죠. 저는 이번 세월호 참사에서 '기자'라는 직업에 몇 가지 규칙이 생겨야 한다고 뼈저리게 느꼈습니다.

기자님은 케빈 카터를 아시나요? 케빈은 〈독수리와 소녀〉라는 사진으로 퓰리처상을 수상한 유명한 사진작가죠. 하지만 그는 상을 수상한 지 석 달 만에 차 안에서 자살을 했습니다. 왜일까요? 그는 사진 속 소녀를 방치했다는 언론의 몰아가기식 보도로 심한 마음의 상처를 받았고, 마약까지 손댈 정도로 피폐한 삶을 살았습니다. 하지만 사실은, 식량 지원을 받기 위해 잠시 딸을 내버려두고 어머니가 자리를 비운 찰나, 독수리가 딸의 뒤쪽에 앉은 장면을 케빈이 옆에 있던 180mm 카메라를 빌려 소녀를 찍은 것뿐이었습니다. 어머니가 돌아오자 독수리는 다시 날아가버렸죠. 전후 사정을 잘라낸 채 언론은 소녀를 왜 살리지 않았느냐는 식의 기사를 내보냈습니다. 후에 "촬영자가 독수리를 쫓아버린 다음 소녀

| 단원고 교문 |

© 미디어 몽구

는 다시 일어나서 걸을 수 있을 만큼 회복이 되었다"라는 정정 보도를 냈지만, 이미 큰 상처를 받은 케빈은 자살로 생을 마감하고 말았습니다.

중요한 것은 케빈 카터의 사진작가로서의 양심입니다. 그가 셔터를 누른 것과 쏟아지는 비난에 대한 책임감을 느끼는 것의 이유는 다르지 않습니다. 저는 기자께서 케빈이 소녀를 찍을 때의 간절함과 사명감으로 셔터를 누르고 계신지 여쭙고 싶습니다. 혹은 그런 마음과 신념을 가지고 글을 쓰는 분들이 아직 남아 있다고 생각하는지도 궁금합니다. 제가 보기에 그렇지 않은 분들이 많은 것 같습니다. 사실 저는 언론이 자유를 잃었다고 생각합니다. 제 주위 많은 사람들이 한국 보도는 오보라고, 보이지 않는 손에 의해 조작된 것이라고 입을 모아 말하고 있어요.

한 기자가 쓴 글을 봤습니다. 자신은 유가족들이 모인 체육관에서 절대 비난받는 행동을 하지 않겠다고 다짐했지만, 어느 순간 자기도 모르게 유가족들을 향해 플래시를 터트리는 모습을 발견했다고 합니다. 양심선언이라고 하죠. 한 사람의 정직하고 확실한 발언은, 그 사건과 직·간접적으로 연관된 사람들에게 크나큰 희망과 새로운 의식을 심어줍니다. 한 개인의 용기 있는 양심선언은 세상을 바꿀 수 있습니다. 단, 그 진실을 늘 갈망하는 사람들이 있을 때 말이지요. 저는 기자들이 사회의 양심을 지켜가는 역할을 해야 한다고 생각합니다. 그것이 제가 생각하는 '기자'의 가장 중요한 규칙입니다.

2003년 대구 지하철 참사 이후로 기자협회는 재난 상황에 대한 보도 시 권유되는 재난 보도 지침을 만들려 했으나 결국 그마저도 흐지부지되었고, 10여 년 만의 똑같은 대형 참사에서 또 한 번 언론은 잘못을 반복하게 됩니다. 언론들은 스스로 언론의 주목을 받고 비판적 여론이 형성될 때는 반성하고 쇄신을 다짐하지만, 곧 언론의 관심이나 여론이 잠잠해지면 다시 이전으로 돌아갑니다. 여론을 형성하는 데 언론의 역할이 크기 때문에 아이러니한 현상이 아닐 수 없죠.

어쩌면 언론이 자기 자신을 돌아보고 반성하는 일은 어려운 것일지도 모릅니다. 계속해서 타자를 해석하고 분석하고 관찰하여 전달하는 것이 언론의 속성이기 때문입니다. 그러나 그런 언론으로서의 책임을 다하기 위해서는 지금 무엇보다 자기 쇄신이 필요합니다. '기자'와 '쓰레기'를 합친 '기레기'란 말이 신조어처럼 나도는 요즘, 언론은 우리 사회의 건강한 경보등으로 중대한 현대 사회의 문제점들과 우리가 지배받고 있는 현재의 이데올로기를 해체하고 넘어설 수 있는 새로운 가능성의 빛을 찾아내야 합니다.

유가족분들에게 보내는 편지

▷◁ 남소희(15세)

아직도 실종자를 기다리는 유가족분들께.

안녕하세요, 저는 세월호를 너무나 마음 아프게 지켜본 한 중학생입니다. 세월호 참사로 가족들이 가라앉는 동안 아무것도 해주지 못했다는 죄책감과, 가족을 잃었다는 슬픔과 아픔으로 많이 힘들어하셨다는 것을 들었습니다. 시신을 찾은 유가족들은 "그래도 다행이다", "가족을 찾아서 마음에 짐을 조금 덜었다", "알아볼 수 있어 다행이다"라는 말씀을 하셨습니다. 그 마음을 생각하면 가슴이 미어집니다. 몇 날 며칠을 기도하고 기적을 바라고 잠을 설쳐가며 가족이 빨리 돌아오길 기다리셨지요. 실종자가 발견되었다는 소식을 듣고 진도 체육관을 떠나는 다른 유가족들을 보며 얼마나 마음이 무겁고 아프셨는지요.

어떤 학생의 아버지께서 아들의 시신이 훼손되어 돌아온다고 해도 한 번만 안고 울어봤으면 좋겠다고 말씀하신 것을 보았습니다. 그 마음이 어떨지 감히 상상해봅니다. 상상조차도 쉽지 않은 터에 더욱 가슴이 먹먹해집니다. 잊지 않겠다는 말 한마디에 힘을 내시려고 하는 여러분을 보면서 저희가 할 수 있는 것이 무엇일지 계속 생각하겠습니다. 한시라도 빨리 실종자들이 가족의 품으로 돌아오는 기적이 일어나기를 간절히 바랍니다.

아버지께 보내는 편지

▷♪ 정성엽(20세)

아버지, 요즘 세상에 일어나서는 안 될 일들이 많이 일어나는 것 같습니다. 이번 세월호 참사를 보며, 믿어왔던 것들이 많이 흔들리고, 대한민국이라는 나라에 대해 계속 회의감이 듭니다. 저는 정말 많은 이들이 인격체로서 해야 하는 것과 하지 않아야하는 것을 구별할 수 있을 거라 생각했는데, 생각보다 그렇지 못한 이들이 이 세상에는 많은 것 같습니다. 슬픔에 잠겨 있는 유가족에게 셔터를 들이미는 기자들이나, 어떻게든 선거에 영향을 미치지 않게 하려는 정치인이나, 숨어서 감시하는 경찰들이

나 인간이 해서는 안 될 짓들을 하고 있습니다.

역사학자 한홍구 선생님의 강의를 들으며 아버지 생각이 많이 났습니다. 새로운 세대가 어떤 세대냐는 질문에 교수님은 우리 세대는 역사학의 입장에서 세월호 세대라고 볼 수 있다고 말씀하셨어요. 과거 아버지세대는 광주민주화운동의 영향을 받은 것처럼 말이에요. 아버지가 개인적으로 민주화운동에 참여하셨고, 모진 고문을 받은 것도 알고 있습니다. 아직도 그 후유증을 가지고 계신 것을 보면 가끔 분노가 느껴지기도 합니다. 아버지 세대는 많은 것을 바꾸셨지만, 아직도 많은 모순을 남겨 놓았다고 생각합니다. 그때 바꾸지 못했던 시대가 지금의 어른들의 세계가 되어, 많은 학생들에게 영향을 미치고 있습니다. 이번 세월호 참사처럼 선장의 잘못된 말을 믿고 자기 스스로 판단할 수 없게 된 것도 모두 지금의 교육 때문이고 그것이 어른들이 만들어놓은 세상의 일부분이라고 생각합니다.

우리가 새로운 세대가 되기 위해서는, 역사를 되돌아볼 필요가 있다고 생각해요. 역사는 순환되고, 그렇기 때문에 같은 실수를 반복하지 않기 위해서는 그것들을 한 번 살펴볼 필요가 있겠죠. 아버지의 그 세대는 어떠했는지 듣고 싶네요. 그렇게 배운 것들이 우리 세대가 혁명의 주체가 되는 데 큰 도움이 될 거라 생각해요. 힘든 기억이겠지만, 언제 한번 말씀해주시면 좋겠어요.

친구들에게 보내는 편지

▷ 송현진(14세)

학교의 모든 사람들에게.

안녕하세요! 저는 1학년 송현진이라고 합니다. 세월호 참사 후 꽤 많은 시간이 지났어요. 날씨가 더워져서 춘추복 대신 하복을 입는 친구들이 많아졌죠. 처음엔 열심히 달고 다녔던 노란 리본도 많이 사라진 것 같아요. 학교에서 단원고 학생들에게 애도를 표시하고 같이 슬픔을 느끼자는 의도로 노란 리본을 나눠줬고, 모두 그걸 달고 다녔었는데 말이에요. 선생님들은 노란 리본을 달지 않은 학생에게 "왜 달지 않느냐"는 말씀도 하시면서 리본을 주셨죠.

그런데 지금은 노란 리본을 달지 않은 학생들이 더 많아요. 하복으로 교복이 바뀌면서 그 슬픔이 사라진 것일까요. 선생님들 역시 노란 리본을 달지 않은 학생에게 더는 지적을 하지도, 노란 리본을 달아주시지도 않아요. 그 슬픔이라는 것이 리본 하나로 표현되는 것은 아니지만 친구들과 나누는 이야기의 절반 이상이 세월호 이야기였던 전에 비해 지금은 세월호 이야기는 눈 씻고 찾아봐도 보이질 않는 것 같아요.

이번 사건 역시 천안함 사건과 같이 점점 기억에서 잊히는 걸까요? 저는 학교의 모든 선생님들, 친구들, 선배들께 이 사건을 잊지 말자는 이야기를 하고 싶어요. 시간이 지나도 세월호 참사의 슬픔을 계속 간직했으면 좋겠어요. 지금 이 시간 가장 아파할 유가족들이 더 외롭고 슬퍼하지 않도록, 또 다른 세월호를 만들어내지 않도록 우리 모두가 노력하면 좋겠습니다.

🎧 백세림(15세)

학교 친구들에게.

안녕, 애들아? 세월호 참사가 일어난 후 벌써 시간이 꽤 흘렀네. 세월호 참사가 일어나고 여러 가지 이유로 수학여행이 취소됐잖아. 그렇게 기다리던 여행을 못 가서 많이 서운하지? 나도 수학여행은 꼭 가고 싶었는데 취소되어서 아쉽긴 해. 그런데 너희들이 칠판에 수학여행을 못 간 것에 대한 분노(?)를 적어놓은 걸 봤을 때 조금 실망스러웠어. 세월호 참사는 다른 나라도 아니고 우리나라에서 일어난 일이고, 어쩌면 우리도 세월호와 멀리 떨어져 있지 않을지도 몰라.

아직 세월호 참사는 끝나지 않았고, 여전히 가족을 찾지 못한 사람들도 있기에 우리는 이 참사를 잊어서는 안 된다고 생각했어. 그래서 나는 너희도 마음속 깊은 곳에서 분명 슬퍼하고 있을 그 마음을 조금이라도 더 솔직하게 드러내고, 관심을 갖고 함께 이 문제를 기억했으면 해. 노란 리본을 칠판에 그렸던 것도 그런 마음이었던 거야. 사실 그 리본이 무슨 효과가 있을까 걱정을 했는데, 다행히 너희들도 함께 리본을 그려주어서 조금이나마 기분이 좋아졌어. 이런 사건이 다시 일어나지 않으려면 작지만 우리가 지속적으로 관심을 가져야 한다는 것을 함께 기억했으면 해.

© 미디어 몽구

정치인들에게 보내는 편지

▷◁ 김상원(22세)

핵발전소를 가동시키는 정치인들께.

안녕하세요, 저는 부산에 사는 청년 김상원이라고 합니다. 제가 이렇게 편지를 쓰게 된 것은 핵발전소와 관련해 전하고 싶은 이야기가 있기 때문입니다. 세월호 참사 이후 핵발전에 대한 관심이 높아졌습니다. 특히 지난 지방선거에서 핵발전소 가동 여부가 주요 공약으로 떠오를 정도로 뜨거운 이슈가 되었죠. 이렇게 많은 사람들이 관심을 가지고, 지속적으로 반대의 목소리를 내고, 실질적인 공약으로 제시됨에도 불구하고 핵발전소는 계속해서 가동되고 있습니다.

핵발전소를 반대하는 시민들이 자주 듣는 말은 "대안이 있느냐"라는 것입니다. 그런데 대중은 이런 국가적 위험 요소를 허용할 것인지 아닌지를 판단하고, 그 판단에 따른 결과와 실행 방안을 모색하는 것은 전문가 집단과 권력층이 해야 한다고 생각합니다. 시민들에게 전문적인 대안을 요구하는 것은 아예 논쟁거리로 삼을 수조차 없게 합니다. 왜냐하면 시민집단은 전문적인 지식이 없고, 결과적으로 대안을 내놓을 수 없으니까요. 이렇게 "대안이 있느냐"는 말은 사실상 대안이 있는지 진정으로 궁금해하는 것이 아니라 반대의 의견을 묵살하겠다는 의지로 느껴집니다.

이곳 부산에는 고리 핵발전소가 있습니다. 얼마 전 있었던 지방선거에서 경합했던 부산 시장 두 후보의 공약에는 이에 대한 것이 있었지만, 둘 모두 책임을 지지 않는 것은 마찬가지입니다. 만약 한 후보가 "생명이 정말 중요합니다!"라고 외치고, 나머지 한 사람은 "안전 문제는 중요하지 않아요. 당장의 경제적 이익이 중요하죠!"라고 했다면 뚜렷이 대조됐을 텐데요. 핵발전을 찬성하는 사람들도 안전이 중요하다고는 말합니다. 다만 "'원자력 발전'은 안전하고 깨끗하다. 유지해서 돈을 좀 더 투입하면 완전히 안전해질 것이다"라는 식으로 얘기하죠. 오히려 이 사람이 실제로 옹호하고 있는 핵발전이라는 위험성을 그대로 드러내지 않았습니다. "나도 사실 안전한 걸 원한다. 그런데 어쩔 수 없이 가동해야만 한다"라고 얘기했지요. 옳고 그름을 더 치열하게 토론할 수 없는 정치에서 최선의 선택은 불가능합니다.

저는 이런 태도들이 세월호 참사 이후 정치인들의 모습에서 여실히 드러났다고 생각합니다. 여러분들은 그다지 달라지지 않았습니다. 일부 인사를 개편하거나, 정부 부처를 합치는 것으로 모든 책임을 다 졌다고 생각하죠. 아직 아무도 이 참사를 어떻게 기억해야 할지, 어떻게 극복해야 할지 알지 못합니다. 그러나 알지 못한다고 해서 이대로 잊혀도 좋다는 것은 아닙니다. 오히려 우리는 지금 우리가 직면한 총체적인 비극들을 어떻게 극복할 것인지를 함께 고민해야 합니다. 그러기 위해서는 이 참사가 단순히 '안전 대책 마련의 부족'으로 일어난 것이 아님을 인정하고, 대안을 진정으로 생각할 수 있는 공적인 장을 끊임없이 만들어가야 할 것입니다. 우리가 고리 핵발전소라는 또 다른 세월호에 타고 있다는 사실은 명백한 사실입니다. 당장의 이익에 눈멀어 그랬다는 변명은 가당치 않을 수 있는, 그 정도의 기본적인 윤리의식을 갖춘 정치가 가능할 수 있도록 노력해주십시오. 그것이야말로 국민을 대표하는 정치인들께서 가장 힘쓰셔야 할 일이 아닌가 생각합니다.

5

2014년
4월 16일

2014년 4월 16일. 잊히지 않는 저 날의 기억이 여전히 온몸을 휘감습니다. 여전히 차가운 바닷속에 갇혀 있는 10명과 그를 애타게 기다리는 가족들을 생각하면 오늘도 잠을 청하기가 쉽지 않습니다.

세월호 참사만으로도 이겨내기 버거운데, 우리 사회의 크고 작은 참사들은 좀처럼 멈출 생각이 없습니다. 그러고 돌아보니 세월호 참사가 특별할 것 없는 일처럼 느껴지기도 합니다. 그런 문제적 사건들은 모두 하나같이 시간만 지나갔을 뿐, 아직 아무것도 해결되지 않았습니다. 도대체 어떤 일이 일어나야, 얼마만큼의 충격과 고통을 겪어야 이 모든 잘못이 변화의 기점에 들어설 수 있을까요?

우리 세대의 부끄러운 이름

오늘날 20대를 살아가는 세대에게는 승리의 경험이 많이 없습니다. 스스로 쟁취한 정치적 성과는 전무합니다. 우리를 규정하는 말들은 부끄럽게도 88만 원 세대, 캥거루 세대, NG^No Graduation 세대 등입니다. 취직에 실패하고 부모님에게 빚지고 졸업조차 하지 못하는, 그야말로 갈 곳 잃은 사람들이지요. 전쟁도, 기아도, 독재도 없는 평화로운 시대를 보낸 세대지만, 어릴 때부터 남을 이기라는 명령을 받아 입시전쟁에 던져진 가장 비인간적인 시대를 공유한 세대이기도 합니다.

부끄러운 고백이지만, 젊은 세대들의 공감 능력과 연대 능력은 현저히 떨어집니다. 스스로 삶에 대해 책임질 수 있는 능력도 가장 떨어지며, 무엇이 옳은지 사유조차 제대로 해보지 못한 세대입니다. 인류 역사상 가장 많은 교육을 받았지만, 그 교육 때문에 인간의 가장 기본적인 조건인 사회성과 윤리성을 잃은 세대입니다. 그것이 자괴로, 절망으로, 외로움으로 돌아와 그 상처를 이기지 못해 스스로 목숨을 끊는 비극의 세대이기도 합니다. 그리고 분명한 것은, 이대로라면 저희보다 어린아이들은 더욱더 고통받는 세대가 될 것이라는 사실입니다.

세월호의 "가만히 있으라"는 명령은 우리 사회를 오롯이 드러내는 참으로 정직한 명령입니다. 더 안타까운 일은 그럼에도 여전히 우리 사회에서는 입시 공부를 열심히 해야 하고, 명문대를 가야 한다는 생각이 변하지 않는다는 점입니다. 친구의 죽음에 슬퍼하는 일보다 당장 코앞에 있는 시험을 치르고 대학을 가는 일이 더 중요합니다. 스스로 생각하고 판단할 기회조차 주어지지 않는 교육을 받아 수많은 아이들이 목숨을 잃었음에도 우리 사회는 여전히 변하지 않으려는 채 '가만히 있으라'고 명령합니다. 이 참사 앞에서 가만히 있지 않으려는 사람들이 많아지니, 그 명령은 더욱 거세지고 극단적인 형태로 드러나기도 합니다. 국무총리의 후보자가 몇 번이나 지명되었다가 윤리적인 이유로 철회되고(그 과정은 거의 풍자소설 같았고), 유가족들의 요구는 '염치없는 자들의 행패'로 거론될 수 있는 이 사회가 제정신인 사회일 리 없습니다. 이 사회를 바꾸지 못한다면, 우리는 결국 '세월호 세대'라는 가장 치욕스러운 이름마저 갖게 될 수밖에 없습니다.

분노, 청년으로서 책임

어른이 되기만을 기다렸습니다. 내 삶, 내가 믿는 것, 하고 싶은 것, 해야 하는 것들을 결정할 수 있는 시기가 오기를 간절하게 바랐죠. 중학생 때도, 고등학생 때도 '아직 어른이 아니기 때문에' 다른 사람이 요구하는 대로 살아가는 것이 당연하다고 생각했습니다. 어느새 시간이 흘러 많은 것을 결정하고 책임져야만 하는 때가 찾아왔습니다. 하지만 여전히 주어진 선택지는 많지 않고, 정치적 통제를 벗어난 권력은 국가적인 재앙을 가져오고 있음을 목격합니다.

고장난 배를 수리해야 한다는 선원의 말은 배의 소유자에게 가닿지

| 세월호 희생자들을 추모하는 안산 청소년들 |

© 미디어 몽구

못했고, 배에 갇힌 이들을 구하는 것이 최우선이라는 국민의 염원은 정치인들에게 전달되지 못했으며, 언론인들은 제대로 기록하지 못했습니다. 정치와 자본과 언론이라는 사회의 세 축이 보통 사람들의 삶으로부터 유리되어 있었기 때문입니다. 사회학자 지그문트 바우만은 이렇듯 권력을 가진 자와 그렇지 못한 자 사이의 간극을 '정치와 권력의 분리'라고 표현합니다. '정치'란 무엇을 행해야 하는지 결정하는 능력이고 '권력'이란 실질적으로 그것을 행하는 능력이라고 하지요. 과거 수 세기 동안 국가 제도 내에서 결합되어 있던 이 두 능력이 세계화를 거치면서 두 개의 다른 공간 속으로 분리되었다는 것입니다. 게다가 표면적으로나마 유지되던 관계의 틀은 바스러져 신뢰를 회복할 수 없게 되었습니다. 이것이야말로 오늘날 우리가 직면한 가장 심각한 시대적 문제 상황입니다.

우리에게 주어진 자유는 쇼윈도에 걸린 옷들을 마음껏 살 수 있는 권리, 사생활을 널리 퍼뜨릴 권리, 스스로의 무능과 무력함에 수치심을 느낄 권리 정도입니다. 공적인 의제를 설정하고 논의할 권한은 우리 곁에서 달아났습니다. 그러나 현대인들의 삶은 거대 자본으로부터 자유롭지 못합니다. 그들에게 고용되고, 그들이 만들어낸 상품을 소비하며, 그들이 옳다고 여기는 가치를 받아들이며 살아가지요. 이는 불평등한 사회를 살아가는 '시민'으로서 우리 모두 명백한 자격 미달의 상태에 있음을 뜻합니다.

그러나 세월호 참사 이후, 우리는 죽어간 이들의 고통에 공감하는 것을 넘어 그들을 죽게 만든 불의를 규탄하고 진실을 규명하는 목소리를 외치기 위해 거리로 나서는 '시민'이 될 수 있었습니다. 하지만, 참사가 일어나고 한 달 뒤, 한 대학생 단체가 거리로 나왔습니다. 세월호 참사 집회에 반대하며 "진정으로 행동한다는 것은 거리로 뛰쳐나오는 것이 아니라, 각자의 자리를 지키는 것입니다"라고 적힌 플래카드를 들고 말이지요. 그러나 이들의 말처럼·각자의 자리를 지키는 것이 기업의 횡포에 입 다물고, 권력에 눈이 멀고 재물에 눈이 멀어도 돈은 잘 버는 전문직업인이 되고, 등록금이나 열심히 내면서 우리의 삶을 관통하는 정치에는 입 다물고 있는 것이라면 우리는 그것을 삶이라 부르지 않아야 합니다. 법과 정치의 변화를 주장하고, 교육 시스템의 잘못됨을 외치고 권력을 가진 자들에게 당연한 권리를 요구하는 것이야말로 어쩌면 힘겨운 책임을 앞으로 지지 않아도 될 세상을 만들어가는 길인 것입니다.

패배하지 않는 희망

세월호에서 죽어간 이들의 영혼도 아직 다 달래지 못한 6월 11일, 밀양에서는 또 한 번의 폭력사태가 일어났습니다. 밀양 765kV 송전탑 건설 반대 행위가 합법적 개발구역 침범과 공무집행을 방해한 것이라 위법이라는 명분으로 그곳을 강제철거하는 행정대집행이 시행된 것입니다. 무려 경찰 2천 명이 투입되어 무자비한 무력행사가 자행되었죠. 속옷마저다 벗은 채 온몸에 쇠사슬을 걸고 필사적으로 저항했던 할머니들은 가차 없이 들이대진 칼과 절단기에 속수무책으로 농성장에서 끌려 나올수밖에 없었습니다. 그 자리에 있었던 시민활동가, 인권위, 변호사 모두 무력할 뿐이었습니다. 할머니, 할아버지가 10년 가까이 고향 땅에서 버티며 지켜왔던 수많은 의미들이 단 몇 분 만에 철거되었지요.

이제까지 집회를 막아선 경찰들 역시 피해자라 생각했습니다. 악에 받쳐 이유도 모른 채 곤봉을 들어야 하는 그들 역시도 시스템의 희생자라고 말이지요. 그런데 아닌 것 같습니다. 농성장에서 끌려 나와 정신을 잃고 쓰러진 할머니들께서 숨이 가빠 다급히 들것을 요청하는 외침에 "나도 숨이 가쁘다"고 비아냥거리는 경찰이 과연 시스템의 희생자일까요? 작전을 마치고 카메라를 향해 승리의 V를 그리는 이들을 '수고했으니 그 정도 마음은 이해'해줘야 할 만큼 우리 사회는 바닥이란 말입니까? 가만히 있을 수 없습니다. 한 사람이라도 더, 그것은 절대로 있어서는 안 될 폭력이라고 말해야 한다고 생각했기에 밀양으로 달려갔습니다. 밀양에 도착하여 그때의 상황을 영상으로 전달받고, 절망감에 몸서리쳤습니다. 정말 어떻게 하면 이런 말도 안 되는 권력이 승리할 수 있는지, 대다수의 주민 및 국민들의 반대가 있음에도 왜 여전히 자본과 당장의 이익이 우선인지 답답하고 화만 날 뿐입니다. 이래서 '나'라는 개인이 무얼 할 수 있겠냐는 허공에 댄 의문과 탄식만 앞섭니다. 과연 이러한 현실에서 우리에게 희망은 무엇입니까?

그 절망에 답을 찾아야만 했습니다. 그렇지 않으면 우리는 패배할 것이기 때문입니다. 무자비한 폭력에, 어처구니없게도 국가라는 명분으로 범죄가 되지 않는 저 무력 앞에서 우리 스스로를 지킬 힘을 어떻게 쟁취할 수 있을지 고민해야 합니다. 정치와 권력이 분리된 시대라면, 그 공백을 메울 수 있는 방법을 하루빨리 궁리해야 합니다. 그를 위해서 우리에겐 이 끝없는 패배와 허무와 무기력을 극복할 힘이 필요했습니다. 한 번도 승리해본 적 없는 세대가 아닌, 완전히 새로운 세대로 탄생해야 하는 동기부여가 필요했습니다. 과연 우리를 지치지 않게 할 희망은 무엇입니까?

시대를 막론하고 인류 역사에 반드시 등장하는 절대적 악이 있습니다. 타인에 대한 모멸과 무지한 폭력, 공포의 확산을 통해 우리는 인간성이 굴복하고 상식과 도덕이 패배하는 것을 목격했습니다. 아우슈비츠, 아파르트헤이트, 민간인 학살 등 그 예들은 셀 수도 없을 정도죠. 문제는 이런 악들이 현재에도 진행 중이라는 점입니다. 유엔평화유지군이 파견간 곳의 아동을 학대하고 하마스와 이스라엘군의 충돌은 멈추지 않으며 일본이 집단적 자위권을 주장하며 평화헌법을 위협하는 것과 같이요. 이런 사건들이 결국 어떤 결과에 다다르는지 너무 잘 알면서도 사람들은 이에 동조하거나 혹은 옳지 않다는 것을 알면서도 막을 수 있는 실천적인 행동을 해내지 못하고 있습니다.

개인들이 각자의 의견을 관철시키는 것에 어려움을 느끼는 것도 무리가 아닙니다. 평생을 실천적 지성인으로 살아온 학자들조차도 "좋은 사회를 상상하기는 쉽지만 누가 그것을 현실에서 실현할 수 있을지" 찾는 것은 무척 어렵다고 이야기했을 정도니까요. 이 말은 여러 가지 의미로 해석할 수 있습니다. 정치와 권력이 분리된 만큼, 이전과는 달리 문제 상황에 대해 누구에게 저항하고 요구해야 하는지 불분명하고, 모든 개인이 냉혹한 경쟁 체제에 내던져져 연대하지 못하게 되었다는 이야기이기도 하며 무엇보다 현대 사회에서 개인이 자신의 신념을 지키는 선택을 하는 것은 무척 큰 위험을 감수해야만 가능한 일이 되었음을 말합니다. 자본주의가 생활의 아주 깊숙한 곳까지 잠식했기 때문에 이제 인간으로서 존엄을 지키기 위해서 자본은 필수적인 요소가 되었습니다. 안정적인 수입이 없다면 우리는 교육, 의료, 문화생활 등 삶을 풍요롭게 하는 대부분의 영역을 잃게 될 뿐 아니라 의식주의 기본 요건들조차 영위하기 어려워집니다. 따라서 사람들은 더욱 치열하게 경쟁하고 신념과 양심보다 손쉬운 침묵을 선택하게 되었죠.

이를 극복하기 위해서는 우리에게 근본적으로 다른 삶의 방식을 찾는 노력이 필요합니다. 삶을 선택할 자유는 다른 사람이 부여해주는 것도, 시간이 해결해주는 것도 아닙니다. 자신의 삶을 결정하는 여러 사회 제반 조건들을 공동으로 결정하고, 참여하고, 변화시키는 데서만 시작할 수 있지요. 우리들이 각자 어떤 방식으로 존재하고 있는지를 면밀히 살피고 권력의 작은 균열에 힘을 가할 수 있어야 합니다. 우리가 소비하는 물품들, 음식들, 서비스들이 어디에서 비롯된 것이며 어떤 권력에 근거하고 있는지를 명확히 밝혀내야 합니다.

작고 위대한 목소리들

밀양의 할머니들은 우리에게 어떻게 살아가야 할지 분명히 말합니다. 자신들이 송전탑을 막지 못하면 결국은 젊은 사람들이 또 겪어내야 하는 일이니, 살날이 얼마 남지 않은 내가 목숨 걸고 막겠다고 말입니다. 그렇게 말씀하시고서 웃으시는 할머니들은 강해 보였습니다. 밀양 할머니들은 자신들이 약자임을 누구보다 잘 알고 있을 것입니다. 똥오물을 바닥에 뿌리며 버티고 있어본들 송전탑 건설이 거행되고 말리라는 사실 또한 그분들이 가장 잘 알고 있을 것입니다. 그럼에도 아픈 허리, 마음대로 움직이지 않는 다리를 부여잡고 농성장으로 걸어오는 할머니들이 있습니다. 움막을 무너뜨리면 다시 지으면 된다는 그분들은 우리보다 훨씬 강자였습니다. 그것은 삶에서 나온 용기였고, 실패의 역사를 온몸으로 체득하여 얻어낸 희망이었습니다.

송전탑 건설뿐만 아닌 세월호 참사, 용산 참사, 4대강 사업, 제주도 해군기지, 그리고 거론할 수도 없을 만큼 해결되지 않은 문제들이 무수히 많습니다. 이 모든 것들에 우리는 패배한 것 같아 보입니다. 하지만 그렇기 때문에 이제 우리가 해야 할 일이 무엇인지 오히려 선명해집니다. 정의와 진실은 아직 패배하지 않았습니다. 패배라고 생각하는 사람들이 그 문제의 패배자들입니다. 아직 그곳에선 삶을 바쳐 진실과 정의를 외치는 사람들이 있습니다. 그리고 역사는 그 사람들의 끊이지 않았던 목소리에서 변화가 시작되었음을 말해줍니다. 한 줄로 기록된 역사일지라도, 그것은 무수한 실패와 좌절, 그리고 희생이 담보된 진보임을 우리는 기억해야 합니다.

따라서 우리가 최소한 비겁한 인간이 되지 않기 위해, 작은 노력을 시도하는 것이 필요합니다. 우리에게 존재하는 무의식적인 악을 늘 경계하고 물리치는 것입니다. 미군들이 이라크 포로들을 학대했던 사건에서, 밀양의 할머니들을 끌어낸 후 기념사진을 찍었던 경찰들에 대해서 우리는 그 개인들이 모두 악의에 가득 차 있고 무지하며 비윤리적 인간이기에 그런 행동을 했다고 말할 수 없습니다. 오히려 그들은 가족의 좋은 일원이었고 집단 내에서 훌륭한 역할을 해내는 구성원이었다고 합니다. 그럼에도 설명할 수 없는 이 비열한 행동은 도대체 어디서 기인한 것일까요? 우리는 틈틈이 내가 타자를 어떻게 대하고 있는지, 나의 행동들이 어떤 모습이고 결과를 만들어내는지 돌이켜보고 반성하거나 앞으로의 태도들을 계획해볼 수 있습니다. 또 나의 반대편에 있는 사람들의 이야기를 들어보고, 너무 작아 사회의 전면에 드러나지 않는 이야기들에도 귀 기울이려 노력할 수 있습니다. 내가 겪어보지 못한 상황에 대한 상상력과 경외심을 가질 수 있고, 역사적이고 전체적인 시각으로 상황들을 바라보려 새로운 변화를 시도해볼 수도 있겠지요. 이런 노력이야말로 우리의 윤리적 허약함을 보편적이고 일상적이며 무의식적인 악으로부터 구출할 수 있을 것입니다.

우리를 변화시키는 것은 아주 사소한 용기들이며, 세상을 변화시키는 것 역시 아주 사소한 우리들의 용기라는 것을 기억해야 합니다. 당시에는 무기력하고 패배하는 것과 다를 바 없어 보이겠지만 좋은 시도와 노력들은 결코 사라지지 않습니다. 이것은 또한 언제든 다른 이들에게 옮겨 붙을 수 있는 불과 같은 점화력을 가졌고 더 나은 세상에 대한 꿈을 잃지 않게 합니다. 이를 우리는 희망이라고 부르며, 세상을 바꿀 영웅이라고 말합니다.

새로운 윤리적 세대의 탄생

"내가 젊었을 때 세대론이 항상 유행하고 있었습니다. (⋯) 그것은 정치적으로 좌절하여 우리는 젊어서 늙고 말았다는 것에서 우리는 한심한 선행 세대들과는 다르다, 새로운 감각과 사상으로 기성질서에 도전하는 세대다, 라는 것에 이릅니다. 그러므로 나는 결코 세대론으로 말하지 않으리라고 마음먹었습니다. 자신의 생각이 새롭다면, 그것은 보편적으로 새로운 것이지 그저 젊은 세대이기 때문은 아니다, 적어도 그런 식으로 하고 싶다고 생각했습니다.

그러므로 새로운 세대라고 해도 그것이 어떤 보편적 인식을 품고 있지 않다면 의미가 없습니다."

- 가라타니 고진, 『정치를 말하다』 중에서

단원고 학생들은 직접 SNS를 통해 심정을 고백합니다. "함께 빠져나오지 못한 친구들을 생각할 때마다 먹고, 자고, 웃고, 떠드는 모든 일들이 죄짓는 일 같다"고 말이지요. 이 아이들은 지금 평범한 고등학생으로 돌아가기 위해 죽을힘을 다해 애쓰고 있습니다. 힘내라는 말이, 괜찮냐는 안부가, 미안하다는 사과가 자신들에게는 너무나 힘든 시선이니, 아무 말도 말아달라고 부탁합니다. 다만, 아이들은 '세월호 참사'를 잊지 말라 당부합니다. 그 아이들이 힘겨운 발걸음으로 1박 2일을 걸어 세월호 참사의 진상을 밝혀달라 요청합니다. 우리는 이 부탁을 반드시 들어야 합니다. 이 울림에 공명할 수 있는 세대가 되어야 합니다.

　세월호 참사는 "가만히 있으라"는 명령의 시대, 인간의 존엄마저 돈으로 환산한 자본주의의 시대가 만들어낸 산물이지만, 단순히 그러한 상징만은 아닙니다. 우리가 반드시 극복해야 할 현실이지요. 기성의 시대가 만들어낸 참사인 만큼 우리에게 책임이 있다고 하기 어렵지만, 그럼에도 기성세대만 비판한다면 우리는 또 다른 참사를 빚는 '기성세대'가 될 뿐입니다. 간디는 비폭력을 영국을 몰아내기 위한 수단으로 이용하지 않았습니다. 그는 비폭력이 실제로 옳은 판단과 마음에 가닿는 '실력'이라고 말했습니다. 우리에겐 실제 힘을 가진 권력으로서의 그런 보편적인 윤리가 필요합니다. 기성의 언어로 규정할 수 없는 완전히 새로운 가치에 권력을 부여하는 세대가 되어야 합니다. 새로운 세대의 새로운 이름은 무엇입니까? 그 이름을 창조해가는 의무를 다했을 때, 우리는 비로소 세월호를 구출해내는 데 성공할 수 있을 것입니다. 그것이 우리 세대의 첫 성공일 수 있도록 끝까지 노력하겠습니다.

카디시와 이스코르
― 진도, 애도, 묵도, 추도

· 박용준 ·

* 카디시는 예수와 제자들이 사용한 아람어(Aramaic)로 '성스러운'이란 뜻이다. 이는 유대교 미사를 마무리하는 유족을 위한 '진혼의 기도'를 가리킨다. 이스코르는 히브리어로 '(신께서) 기억하시기를'이라는 뜻으로, 장례 후, 혹은 추도식에서 모든 회중이 조용히 함께 낭독하는 기도문을 의미한다.

"그대도 말하라,

마지막 사람으로,

그대의 판정을 말하라.

말하라―

그러나 '아니요'를 '예'와 가르지 마라.

그대의 판정에 뜻도 주라.

그것에 그림자를 주라.

그것에 그림자를 충분히 주라.

그것에 그만큼을,

네 주위 한밤중과 한낮과 한밤중에

두루 나누어 줄 수 있는 만큼 주라.

둘러보라.

보라, 사방이 살아나고 있다─

죽음 곁에서! 살아나고 있다!

그림자를 말하는 이, 진실을 말하는 것."

— 파울 첼란, 「그대도 말하라」, 『죽음의 푸가』 중에서

어떤 슬픔은 결코 말해지지 않는다.

참담과 비통이 너무 깊어서

무력한 인간의 말이 이를 길어 올리지 못한다.

또 어떤 슬픔은 쉽게 말해서는 안 된다.

찢어지고 끊어진 삶 앞에서

우리의 애도는 하찮고 시시하다.

그럼에도 우리는 진도震悼할 수 있어야 한다.

그러니까 울음이 비雨가 되어 천하를 진동하듯이振

아파하고 슬퍼하는悼 것.

진도珍島의 비참한 영혼을 위해, 그대 부디 진도해 달라.

"가만히 눈을 감기만 해도
기도하는 것이다.

왼손으로 오른손을 감싸기만 해도
맞잡은 두 손을 가슴 앞에 모으기만 해도
말없이 누군가의 이름을 불러주기만 해도
노을이 질 때 걸음을 멈추기만 해도
꽃 진 자리에서 지난 봄날을 떠올리기만 해도
기도하는 것이다.

음식을 오래 씹기만 해도
촛불 한 자루 밝혀놓기만 해도
솔숲 지나는 바람소리에 귀기울이기만 해도
갓난아기와 눈을 맞추기만 해도
자동차를 타지 않고 걷기만 해도

섬과 섬 사이를 두 눈으로 이어주기만 해도
그믐달의 어두운 부분을 바라보기만 해도
우리는 기도하는 것이다."
(…)
— 이문재, 「오래된 기도」, 『지금 여기가 맨 앞』 중에서

독일어 '생각하다^{Denken}'의 어원을 따라가 보면
'유념하다^{gedenken}', '기억하다^{eingedenk sein}',
'추념^{Andenken}', '예배^{Andacht}'라는
의미 영역이 나온다.

그러니 꼼짝도 할 수 없는 상태에서는
묵묵히 기도를 하자.
두 손을 모아 기도를 하자.
"기도할 때 두 손을 모으는 까닭은
두 손을 모으지 않고서는 나를 모을 수 없기 때문이다.
두 손을 모으지 않고서는 머리를 조아리기가 어렵기 때문이다."
그대 부디 그들을 위해 기도해달라.

  "당신이 죽은 뒤 장례식을 치르지 못해,
  내 삶이 장례식이 되었습니다."
  ─ 한강, 『소년이 온다』 중에서

추도는 죽은 영혼의 뒤를 따르는 것이다.
그러니 세상을 먼저 떠나보낸 이를 가진 자의 남겨진 삶은
내가 죽는 순간까지 계속되는 장례식이다.

"어떤 분노는 이렇게 지속된다.

혼란과 무력감, 고통을 연료로 밑불처럼 낮게 탄다.
머리를 뜨겁게 하지 않고, 오히려 얼음처럼 차갑게 한다."

잔악무도한 죽음을 목도한 우리의 분노는
서늘하고도 단단하게 매일의 장례를 통해 지속되어야 한다.
그러지 않고는
이 모든 것이 아무도 기억하지 않는 죽음으로
끝내 허물어지고 말 것이기 때문이다.

"최악의 사람들, 이기주의자들, 폭력자들, 무감각한 자들, '회색지대'의 협
력자들, 스파이들이 살아남았다. 최고의 사람들은 모두 죽었다. (…) 고통
스런 순간들은 기억의 저장소에서 기꺼이 불러내지지 않고, 시간이 가면서
흐릿해지고 윤곽을 잃어버리는 경향이 있다. (…) 그럼에도 나는 그 일을
해야 한다고 생각한다. 왜냐하면 어제 저지를 수 있었던 일은 내일 또다시
시도될 수 있고, 언젠가는 나와 우리 아이들이 당할 수도 있기 때문이다."
— 프리모 레비, 『가라앉은 자와 구조된 자』 중에서

어머니를 여의고 쓴 『애도일기』에서 롤랑 바르트는
딱딱하게 굳어버린 슬픔, 즉 경화증에 걸린 슬픔은
"깊이가 없어진 슬픔"이라고 했다.

우리의 침전된 슬픔은 어떠한가.

우리의 기억은 이미 그 깊이를 잃어버리고
표류하고 있지 않은가.

조용히 눈을 감아본다.
어린 영혼들의 죽음 앞에서
우리는 말해야 한다.
영혼의 훼손과 관계의 파탄 속에서도
진실은 그렇게 끝나지 않을 것이라고.
그래서 우리는 계속 싸울 것이라고.

2부

절망의 시대,
희망의 길을 묻다

세월호 참사는 우리 사회에 들러붙어 있던 수많은 병폐의 민낯을 순식간에 우리 앞으로 불러내었다. 국민의 안전과 행복을 보장하기 위해 존재하는 국가는 왜 죽어가는 수백 명의 생명을 눈앞에 두고 볼 수밖에 없었는가? 승객의 안전을 책임져야 할 선장을 비롯한 선원들은 생과 사가 오가는 급박한 상황에서 왜 올바른 판단을 내리지 못하고 아이들에게 가만히 있기를 명령한 것인가? 그러고는 왜 혼자 도망가 버렸는가? 아이들은 왜 그런 어른들의 말을 그대로 듣고 따라야만 했던 것일까? 적어도 마지막 의문에 대한 답은 충분히 유추할 수 있다. 그렇게 배워왔기 때문이다. 대한민국의 학교라는 공간 자체가 가만히 있기를 배우는 곳이기 때문이다. 오랫동안 가만히 앉아서 공부를 하는 사람은 성공하고 그렇지 못하는 사람은 실패한다. 가만히 있으라는 어른들의 말을 잘 듣지 않으면 점수로 불이익을 받거나 체벌을 당한다. 우리의 몸은 수 년 동안 그런 암묵적인 규율과 억압에 길들여져 온 것이다. 꼭 그래야만 하나 의문을 품어도 결국 해답은 어디서도 찾을 수 없고 고뇌하고 방황하는 동안 불필요한 에너지만 소모할 뿐이다. 우리는 그렇게 배워왔다.

어쩌면, 어른들도 마찬가지인지 모른다. 그들도 오랜 시간 동안 그렇게 배워온 것이다. 인간의 본성은 이기적이어서 내가 살기 위해서는 남을 밟고 올라가야 한다. 직업은 돈을 벌기 위한 수단일 뿐이다. 문제가 생기면 일단은 귀찮은 일이 발생하지 않도록 쉬쉬하고 통제하고 볼 일이다. 국가는 어떠한가? 원래부터 국가는 국민의 안전과 행복보다는 권력을 가진 사람들의 돈벌이에 더 관심이 많지 않은가? 수명을 다한 선박을 개조해서 사용할 수 있게 기업들에 대한 규제를 완화했던 것은 누구였는가? 한국인들의 삶의 터전이자 한반도의 동맥과도 같은 4대강을 몇몇 건설사의 이익을 위해 멋대로 물길을 바꾸고 숨통을 틀어막은 것은 누구였는가? 그러면서도 용산에서, 밀양에서, 그리고 쌍용자동차 노조와 한진중공업 노조에서 국민들이 생존권을 위해 투쟁할 때 공권력으로 무참하게 짓눌려 죽음에 이르게 한 것은? 모두 국가였다. 이렇게 생각해보면 이번 세월호 참사는 특별한 불운으로 생겨난 참사 같은 것이 아니다. 이미 모순된 사회 구조 속에서 충분히 예고된 하나의 절차와도 같은 사건인 것이다. 그렇다면 앞으로는 얼마나 더 끔찍한 일들이 벌어질 것인가?

우리는 이미 기울어가는 배에 타고 있는 사람들이다. 이렇게 지켜보고 있다가 함께 당할 수는 없다. 이제는 누구도 가르쳐주지 않았던 물음을 스스로 던지고 답을 찾아나가야 한다. 어떻게 살아야 할까? 우리를 둘러싼 거대한 폭력적 구조 속에서 우리를 이토록 무력하게 길들여 온 힘의 실체와 역사적 연원은 무엇일까? 세계와의 모순이 첨예해질수록 질문도 깊어진다. 다행히 우리 사회에는 스스로 이런 질문을 던지고 답을 구해 온 어른들이 존재했다. 그들은 아마 우리와 비슷한 계기로 세상에 모순을 느끼고 스스로에게, 그리고 세상을 향해 물음을 던졌고, 지금까지도 끊임없이 치열하게 답을 찾아나가고 있을 것이다. 그래서 이러한 물음을 던지고 답을 찾아왔던 인생의 선배들을 직접 찾아가 만나보기로 했다. 이 인터뷰를 통해 그들이 처음 이 세상에 삶의 의미에 대해 물음을 던졌던 그 순간으로부터 지금까지 계속되고 있는 세계와의 끊임없는 소통의 궤적을 좇아, 지금 이 시대에 새롭게 물음을 던지는 청년들에게 도움이 될 수 있는 지표로 삼고자 한다.

우리는 함께 기울어가는 배에 타고 있는 운명 공동체의 일원으로 대화를 나눴다. 따라서 우리의 대화는 학교나 국가가 가르쳐주지 않았던 진실을 가르치고 배우는 학습의 과정일 뿐만 아니라, 동시대인으로서 함께 새로운 삶, 새로운 공동체의 가능성을 모색해 나가는 가슴 뛰는 삶의 순간이었다. 무엇보다 그 속에서 공유한 인간적 유대와 희망을 향한 연대의 따뜻한 느낌은 새로운 세대의 탄생 가능성을 실감케 했다. 그 느낌을 여러분과 공유하고 싶다.

1

잊지 않는다는 것은
함께 만든다는 것

· 박명림 선생님 인터뷰 ·

사회적 재앙 상황에서 지식인의 역할은 무엇이고 어떤 목소리를 내야 할까요? 이는 지난 역사 속에서 국가적 위기의 순간마다 지식인들이 부딪혔던 질문입니다. 많은 양심적인 지식인들이 옳은 조언을 하고, 또 사회적 원인에 대해 날카롭게 분석도 하며, 직접 거리로 나가 더 나은 사회를 향한 정의로운 요구를 외치기도 하였지요. 이번 세월호 참사 이후, 한국의 지성들도 많은 목소리를 내고 있습니다. 그들의 공통적인 주장은 이번 참사가 그동안 한국 사회가 쌓아온 구조적 병폐가 터진 충분히 예고된 사건이라는 것입니다. 따라서 단순히 안전 문제의 차원에서 접근하여 안전 체계를 개선하는 것만으로는 또 이런 일이 일어날 수밖에 없다는 것이지요. 이런 비극을 근본적으로 막기 위해서는 돈과 효율보다는 생명과 사람을 더 중시하는 가치관과 그것을 반영한 사회제도와 체계가 우리 사회에 자리 잡아야 합니다.

그렇다면 그러한 변화는 어디서부터 어떻게 시작될 수 있을까요? 세월호 참사 이후 이 사건의 근본 문제를 대중들에게 알리고, 함께 사회적 실천에 나설 것을 열렬히 요청하고 있는 정치학자 박명림 선생님을 직접 만나 인터뷰를 진행했습니다. 세월호 참사 이후 박명림 선생님처럼 열렬히 이 사건에 응답한 지성이 있을까요? 처음 선생님의 글을 신문 칼럼을 통해 읽었을 때 뜨거운 눈물로 글을 쓴 것이 절절히 느껴져 함께 눈물을 흘렸습니다.

인터뷰 내내 말씀 한 마디 한 마디에 서려 있는 물기는, 활자나 지식이 아니라 애끓는 마음으로 다음 세대에게 함께 대화하고 연대하여 세상을 바꾸어 나가자는 선생님의 심정을 헤아리게 했습니다. 기성세대의 잘못에 대해 매섭게 증언하면서도, 다음 세대의 희망에 대해선 한없이 낙관적인 그의 모습에서 함께 살아가는 이들에 대한 뜨거운 애정이 느껴졌습니다.

기성세대가 세월호 세대이다

인디고 | 저희는 '새로운 세대의 탄생'이라는 주제로 한국 사회의 지성을 찾아 새로운 세대가 나아가야 할 방향을 모색하고 있습니다. 세월호 참사 이후 선생님 글에서도 **한국 사회의 근본적 변화**에 대한 강렬한 의

지를 느낄 수 있었는데요.

박명림 | 이렇게 찾아주어 고맙습니다. 우선 진심으로 미안하다는 말을 먼저 하고 대담을 시작했으면 좋겠습니다. 이런 사회를 만들어놓고도 다음 세대에게 할 말이 있는가, 솔직히 걱정되었기 때문입니다.

세월호 참사는, 그 말을 듣는 순간 잠시 숨을 멈출 수밖에 없는 이 시대의 가장 중요하고도 가장 무거운 물음입니다. 그것은 이 사회의 여러 문제들이 한꺼번에 응축하여 폭발한 사건인 동시에, 무엇보다도 한 인간 공동체의 허상을 낱낱이 폭로한 결정적 계기였기 때문입니다. 저는 이 사회가 바른 사회가 될 수 있느냐 없느냐, 청년들에게 희망을 줄 수 있느냐 없느냐의 갈림길은, 세월호 참사를 대하는 기성세대의 집단적 양심과 자세에 달려 있다고 감히 말하고 싶습니다.

기성세대는 바야흐로 세월호 참사로 인해 지금, 자신들의 지난 삶들에 대한 전면적인 재평가 앞에 맨몸으로 서 있는 것입니다. 그들이 이것을 인정하건 안 하건 이미 객관적인 역사는 그렇게 되어버렸습니다. 새로운 세대의 탄생도, 한국 사회의 근본적 변화에 대한 각오도 모두 우리 개인들의 눈앞에서 전개된 이 이해할 수 없는 젊은 죽음들에 대한 대면자세에서 비롯된다고 믿습니다. 세월호의 침몰 요인과 과정, 청년 수장과 구조 실패, 세월호 이후의 대처와 담론, 이 세 국면으로 구성된 세월호 사태는 서로 긴밀히 연결된 일련의 연쇄고리이기 때문입니다.

솔직히 말씀드려 제가 세월호에 관해 《한겨레》에 쓴 글들은 거의 팽목의 엄마들이 쓴 거나 마찬가지입니다. 저는 현장에서 그분들의 통절한 심정을 전달한 공감자 정도 역할이 아니었나 싶습니다. 제가 진도 팽목항에 처음 내려간 것은 사건 발생 3일 후인 4월 19일이었습니다. 4월 16일 세월호가 침몰할 때 저는 경악하고 말았습니다. "저 안에 지금 수백 명의 젊은 생명이 있는데……", "수많은 젊음 목숨들이 아직 배에 타고 있는데……", "어어? 이건 정말 아닌데…… 이러면 절대로 안 되는데, 왜 아무도 배 안으로 안 들어가지?" 모두가 안타까워하던 그 결정적 순간에 현장의 수많은 국가 조직 누구도 '즉각' 배 안으로 들어가지 않고 있는 것이었습니다.

젊은 영혼들이 죽어가는 실제 상황을 전국에 실시간으로 실황 중계하는, 그러면서도 국가의 어느 조직도, 어느 직위도 생명을 위한 헌법적(국가적) 결단과 실존적(개인적) 결행을 내리지 않는 모습을 보고 저는 가늠할 수 없는 충격에 빠졌습니다. 우리 사회의 생명 감수성, 목숨 민감성이 이 정도로 마비되었나? 국민 생명이 죽어가는 것보다 더 긴급한 상황도 있나? 눈앞에서 지금 당장 진행되는 젊은 목숨들의 죽음에도 이렇게 무대응한다면, 이보다 덜 긴급한 모든 상황에서는 어떻게 할 것인가 짐작할 수 있었기 때문입니다. 4월 16일의 세월호는 한국 사회의 생명의식을 압축해서 드러내는 대표 현장이었습니다. 생명 감수성이 완전 마비된 현장을 똑똑히 보고는, 큰 충격을 받은 저는 그날 바로 진도로 달려가고 싶은 강렬한 충동을 느꼈습니다. 그러나 17일, 18일 한 대학교의 전체 신입생을 위한 특강이 예정되어 있어 내려갈 수가 없었습니다.

더욱 큰 충격은 다음 날인 17일 대통령의 현장 방문 장면이었습니다. 16일의 충격이 한 시민이자 인간으로서의 즉각적이며 직관적인 충격이었다면, 17일의 그것은 전문가이자 학자로서의 논리적이며 이성적인 경악이었습니다. 왜냐하면 저는 국가 최고공직자인 대통령의 방문을 통해 아직은 생명 구출을 위한 국가의 최소한의 역할에 대한 기대를 포기하지 않고 있었기 때문입니다. 저는 국민 일반의 상식을 따라 그만큼 국가를 신뢰하고 있었던 것입니다. 그러나 국민이 죽어가는 집단참사의 현장에서, 헌법이 규정한 최고공직자로서 국민 생명을 구출하기 위해, 대통령은 신속하게 "결단하고 명령하고 집행해야" 함에도 불구하고 단지 "문의하고 상의하고 부탁하는" 통치 행위를 TV를 통해 지켜보면서 제가 갖고 있던 정치학과 헌법학의 근본 가정과 지식들은 여지없이 무너지고 있었습니다. 지금은 많은 분들이 저의 《한겨레》 글을 보고 같은 물음을 던져주고 있습니다만, 당시 제가 "이게 과연 나라인가?", "이게 진정 국가인가?"라는 의문을 갖게 된 것은 대통령의 현장 방문 장면 하나하나를 주의 깊게 관찰한 다음이었습니다.

국가는 어떤 경우에도 국민 생명의 집단 망실처럼 즉각적인 헌법적 결단을 요구받지 않습니다. 말을 바꾸면 국가가 가장 긴급하게 헌법적 결단을 요구받아야 하는 문제는 국민 생명의 구출 여부입니다. 그러나 4월 17일 대통령의 현장 방문 실황 중계 장면과, 이후에도 변함이 없는 상황 전개를 보며 저는 우리 헌법의 기본 정신과 국가 및 대통령의 근본 역할에 대해 심각히 재고하게 되었습니다.(저는 이 문제에 대한 심층 분석을 마쳐놓았으나, 여러 이유로 아직 공론화하지 않고 있습니다.)

저는 더는 참을 수가 없어 4월 19일 현장에 내려갔습니다. 가까운 거리가 아니었습니다. 진도 체육관과 팽목항의 분위기는 TV와 신문을 통해

보던 상황과는 비교할 수조차 없었습니다. 저의 오랜 체험에 비추어 볼 때 '현장'은 언제나 '느낌'을 압도합니다. 현장에는 중앙과 지방 정부의 수많은 기구, 조직, 부문, 단체들이 내려와 있었습니다. 천막은 셀 수 없을 정도로 많았습니다. 그러나 상황은 TV 중계보다 훨씬 더 심각하여, 최상층의 대통령이 그러하였듯, 그 급박한 순간에 국가조직의 어느 부문, 어느 단계, 어느 담당도 책임 있게 결정하고 결행하지 않고 있었습니다.

그 집단 죽음의 현장에서, 또 서울에 올라와서도 저는 단 한 문장도 쉬이 완성하질 못했습니다. 한 단어 쓰고 울고, 한 문장 쓰고 통곡하고……. 길지 않은 《한겨레》 첫글을 거의 3일에 걸쳐서 썼습니다. 제주 4·3, 한국전쟁 학살 현장, 캄보디아 킬링필드, 압록강 탈북 현장, 기아에 빠진 북한의 농촌, 아우슈비츠……. 저는 숱한 인간 비극의 현장을 발로 찾아 다녔습니다만, 팽목에서 엄마들의 애절한 통곡은 그 어떤 슬픔보다도 깊고 날카롭게 제 가슴을 베어내고 있었습니다. 더 이상 슬픈 현장이 없었습니다.

"진정으로 한 사람의 의인, 한 사람의 영웅이 필요한 시대구나." 현장에서의 제 마음이었습니다. 세월호 사태 이후 우리 사회의 논의 과정을 보면 기성세대에게 더 무엇을 기대할 수 있을지 암울합니다. 그런 끔찍한 일을 초래하고도, '세월호 이후' 이 사회의 논의와 대처를 보면 정말 너무하다는 생각뿐입니다. 저는 청와대, 언론, 의회, 인터넷 공간의 논의들을 보면서 '세월호 이후'의 상황이 더 두렵습니다. 이 사회는 저 젊은 죽음들로부터 거의 아무것도 배우지 않았음이 틀림없습니다. 우리가 타인들의 죽음에 대해 이토록 모질고, 이토록 반생명적이며 반인간적인 공격을 가하는 사회가 되었다는 게 진정 두렵습니다. 기성세대의 한 사람으로서 청년 여러분께 부끄러울 따름입니다. 생명과 사람이 우선인 사회가 되도록 우리 함께 세상을 근본적으로 바꿉시다.

인디고 | 안 그래도 쓰신 글이 저희 새로운 시대를 꿈꾸는 청년들에게 하시는 말씀처럼 느껴졌습니다. 선생님께서는 **'새로운 세대의 탄생'**이라는 주제에 대해 어떻게 생각하시는지요?

박명림 | 매우 시의적절한 주제라고 생각합니다. 전적으로 공감하고, 사실 개인적으로 동참하고 싶을 정도입니다. 청년들은 인간을 위하는 가치와 언어, 행동과 실천의 편이 아닌 한, 어떠한 기성권력과 기득이익 앞에도 주눅 들지 마십시오. 권위를 내세운 반인간적 억압에도 굴복하지 마십시오. 인간은 누구나 똑같이 자유롭고 누구나 똑같이 평등한 존재입니다. 인간을 위하지 않는 한, 정당한 행동근거를 갖지 않는 한, 이 세상에 기성권위는 없습니다. '세월호 이후' 논의 과정이 증명하듯 기성세대의 기득이익과 기득권이 있을 뿐입니다.

'새로운 세대의 탄생'이라는 혁명적 문제의식이 정말 신선하고 아름답습니다. 두 가지 이유 때문입니다. 하나는 새로운 세대가 탄생하지 않으면 안 된다는 객관적 당위 때문이고, 다른 하나는 이제는 새로운 세대가 탄생할 수 있다는 주관적 희망 때문입니다. '객관적 당위'와 '주관적 희망'의 사이 어딘가에 여러분과 저의 선택이 놓여 있겠지요,

같은 시대의 집합적 개인들을 뜻하는 '세대'generation라는 말은 '낳다',

'창조하다'generate[generatus/generare] 라는 말과 직결되어 있습니다. 따라서 세대를 물리적 자연 연령으로 나누는 것은 의미가 없다고 봅니다. 어떤 가치를 만들고 창조하고 공유하느냐가 더욱 중요한 것입니다. 새로운 세대는 세월호를 야기한 우리 '세월호 세대'와는 전혀 다른 세대를 의미(해야)한다고 봅니다. 인디고의 정신과 문제의식을 담는 세대, 이를테면 인디고 세대의 탄생을 함께 모색해보자는 이런 운동에 동참시켜줘서 크게 고맙습니다. 새로운 세대에 동참한다는 게 늘 가슴 설레는 일이잖습니까? 세대의 원래 뜻을 생각하면, 정말 좋은 일이기 때문이지요.

그러나 한 세대가 중요한 가치를 창출하고 중요한 일을 하려면, 기성 세대의 긍정적 요인을 이어받으면서도, 그 세대의 부정적 유산을 극복하려는 치열한 투쟁이 필요합니다. 그 절실함만큼만 세상은 변화하고 전진할 겁니다.

인간 실존에 대한 비판적 성찰

인디고 | 선생님은 청년 시기에 제주도 4 · 3사건에 충격을 받고 직접 현장에 가서 조사 연구를 진행하셨다고 들었습니다. 지금도 여러 가지 일련의 **국가 폭력**에 대해 연구를 하시는 걸로 알고 있는데요, 젊은 시절 어떤 계기로 우리 사회에 대한 문제의식을 가지고 몸을 움직여 탐구를 시작하셨는지 먼저 여쭙고 싶습니다.

박명림 | 팽목과 안산도 그러했지만 저는 지금도 사건의 현장을 답사하고 체험하는 현장주의를 가장 중시합니다. 이때 말하는 현장주의는 실증주의와는 다른 공감주의를 말합니다. 인간들의 지혜가 경험의 산물이듯, 저는 구체적 현장을 초월하는 추상적 이론은 불가능하다고 생각합니다. 르네상스의 현장인 피렌체도 몇 차례씩 가고, 마키아벨리의 『군주론』집필실, 안중근의 거사 현장, 히로시마와 나가사키, 아우슈비츠 수용소 등을 전부 직접 가는 것은 그런 제 소박한 생각의 소산입니다.

제주 4·3 연구 당시의 문제의식으로 돌아가서 말씀드리고 싶군요. 저는 박정희 시대에 고등학교를 다니고 전두환 시대에 대학교를 다녔습니다. 저는 청소년 시절에 체제나 국가나 헌법 같은 차원은 그 자체로 개인과 유리되어 선하게 존재한다고 배웠어요. 추상적 합목적성이라고나할까요. 그런데 대학과 대학원 시절의 가장 큰 지적 충격은 그게 전혀 아니라는 사실이었어요. 광주항쟁과 제주 4·3의 진실을 알게 되면서 저는 특정 체제나 국가가 어떤 모습을 갖느냐는 곧바로 한 사람 한 사람의 삶과 죽음에 연결된다는 것을 깨닫게 되었고, 이것은 정말로 큰 충격이었죠. 제주도 현장에서의 충격과 연이은 전국 곳곳에서의 체험은, 청년 시절의 파창破創을 넘어 지금까지 제 실존을 가장 강하게 규율하는 경험이 되고 말았습니다.

많은 경우 시대는 곧 개인이었고, 국가는 곧 삶이었습니다. 저는 단원고 학생들의 첫 시신 여섯 구가 안치된 고대 안산병원부터 시작해서 임시 합동분향소, 정부 합동분향소를 모두 방문하였는데 그때마다 매번 깨달을 수 있었던 것은 이 안타까운 젊은 시신들은 모두 시대적·체제적 죽음의 산물이라는 것이었습니다. 이 시대와 체제의 악행의 결과가 청년들의 죽음이었다는 말이지요. 팽목과 안산 현장에서 기성세대로서 너무도 고통스러웠습니다.

제주 4·3과 한국전쟁이 보여주는 점은, 국가·집단·단체·국민·민족을 하나로 생각하지 말고 그 안에 독립된 개체로 존재하는 수많은 사람들의 개별 삶 하나하나를 보면, 그 모든 사람들은 누구는 다음 학기 진학, 누구는 다음 주 약혼, 또는 내일 약속, 누구는 오늘 저녁 가족식사 모임, 누군가는 세계 명저 독서 시작이나 소먹이 장만, 누군가는 행복한 결혼 생활의 시작, 누군가는 어떤 꿈의 실현을 앞두거나 계획한 구체적인 삶의 과정이, 국가와 시대라는 전체 요인으로 인해 자기 의지와 관계없이 갑자기 중단된 것을 뜻합니다.

그 수많은 사연들은 시대의 압도적 영향 아래에 놓여 있을 수밖에 없었습니다. 시대상황과 관계없는 것처럼 보이는 나날의 삶이 전체로 인해 달라지는 것을 넘어, 아예 생명을 완전히 중단시킬 수도 있구나……. 제주에서 인터뷰하다가 감당되지 않는 슬픈 사연을 듣고는, 결국 중단한 채 한밤중에 몇 시간을 걸어서 바닷가까지 나아가 동이 틀 때까지 울었습니다. 그때 깨달은 것이, 한 사람 한 사람의 삶, 행복, 생명, 슬픔, 이런 것이 결코 체제와 유리된 추상적 실존이 아니라는 점이었어요. 시대를 똑바로 이해한다는 것은 결국 사람들의 삶(과 죽음)을 제대로 이해하는 것이라는 점을 알게 된 것이지요. 그 반대도 진실입니다. 즉 인간들의 전체적 개별 삶을 똑바로 이해하는 것은 그 시대를 제대로 이해하는 것에 직결됩니다.

그랬더니 역사에 대한 생각과 이해가 한 단계 더 진화하는 것을 느꼈습니다. 즉 4·3의 체험 이후 세계와 한국을 공부하는 데 인간들의 비극이 일반적이라는 거예요. 삶이 갖는 비극성이었습니다. 위대한 사유나 제도를 만들어낸 사람들의 글에서 가장 깊이 깨달은 것은, 그들의 모든 창안이 인간 역사가 비극이구나, 고난이구나, 그러니 이걸 어떻게든 줄여볼 수 있는 가치나 제도를 구상해야겠구나 하는 고뇌의 산물이라는 점이었습니다. 그걸 줄이기 위해 고투한 사람들의 희생 위에서 인간들의 오늘날 사유나 제도는 탄생한 것이지요. 물론 종교도 마찬가지입니다. 선대와 선각들의 희생의 크기만큼만, 꼭 그 정도만큼만 인간의 사유나 제도는 발전해온 것입니다.

저는 한반도가 제주도였던 상황에서 한국전쟁을 공부하는 과정에서 인간 비극을 줄이기 위한 나름의 고민은 단순한 학문적 훈련을 넘어 제 몸 속으로 깊이 각인되었던 거죠. 다녀보니까 삶의 터전을 뜻하는 온 나라가 비극으로 점철된 거예요. 온 삶들이 비극이었다는 얘기지요. 그래서 이러한 절대비극을 연구하여 그런 비극이 적은 공동체를 만드는 데 내 생각과 공부를 보태보는 것, 그거야말로 내 삶 전부를 걸어볼 만한 길이 되겠구나 생각하게 되었습니다.

교수나 전문 연구자가 되는 것은 아직 생각도 못 할 때였지만, 이건 온 삶을 걸고 도전해볼 만한 길이라고 생각을 했었습니다. 본래 공부라는 단어는 사람이 된다는 뜻이지요. 옛날에는 공부 자체가 예절, 도덕, 공동체, 삶, 가치를 알아가는 과정이었는데 지금은 공부와 사람되기가 완전히 유리되었잖아요. 좁은 전문 지식을 알아가는 과정을 공부라고 하니까 공부와 삶이 분리된 것이지요. 공부를 통해 삶의 수단은 배우지만 삶 자체를 배우지는 않죠.

이토록 거대한 비극이 왜 제대로 안 알려져 있을까? 결국 저는 부족한 대로 공부(주제)와 제 삶을 가능한 한 일치시키려 노력해보고자 했습니다. 그래서 제 연구는 거의가 발로 한 연구였어요. 현장 답사는 물론 자료를 찾는 작업 역시 마찬가지였습니다. 한국전쟁과 현대 한국의 자료를 찾기 위해 열 번도 넘게 방문했던 미국의 국립문서보관소는 물론 미국 각지에 흩어져 있는 미국 대통령도서관들도 거의 다 방문했습니다.

저는 이론과 실존의 결합을 굉장히 중요하게 생각합니다. 한 사회가 좋은 이론을 갖고 있다는 것은 그 사회의 인간 실존에 대한 깊은 사유와 반성을 하였다는 것의 다른 표현이지요. 반대로 한 사회가 이론이 없다는 것은 자기들 실존에 대한 체계적 사유가 부족하다는 말과 다름없습니다. 사유 없이 학문과 이론은 발전하지 않으며, 그것은 곧 좋은 사회를 만들 수 없다는 말과 같습니다. 자유도 평등도 평화도 그것이 없는 인간 실존에 대한 깊은 통찰과 비판적 성찰로부터 대안을 제시하고 추구했기 때문에 성취가 가능했던 것이지요. 우리 사회가 생명, 평화, 평등, 인간을 위한 모습을 갖추지 못하는 이유 중 하나는, 바로 그를 위한 철학과 이론의 부재 때문입니다.

물론 학문적인 이유도 중요했습니다. 저는 누구나 스스로 생각하고 말하는 자유와 독립을 매우 중시합니다. 학생들에게도 늘 강조하는 점입니다. 그것은 제 공부에게도 해당됩니다. 저는 당시에 한국전쟁과 한국 문제에 대해 서구의 이론과 해석이 지배적 위치에 있는 현상을 이해할 수 없었습니다. 우리는 왜 우리 문제에 대해 스스로 사유하고 비판하며 성찰하는 훈련이 안 되어 있는 것일까? 그것이 없다면 우리는 평화와 통일에 대한 우리 자신의 바람직한 대안을 스스로 만들어갈 수 있을까? 심각하게 묻지 않을 수 없었습니다. 우리 문제를 보편적 차원에서 객관적으로 말하자, 즉 자기객관화는 제가 가장 오랫동안 고민해왔던 문제입니다.

답변이 좀 길어졌습니다만, 공감과 현장주의, 전체와 구체적 실존의 상관성, 자기 문제의 객관화 등이 제가 지금까지 우리 문제를 나름대로 인간적 관점에서 연구해올 수 있었던 요인들이 아니었나 싶습니다.

공적 영웅이 사라진 시대

인디고 | 선생님 칼럼에서 **거인들, 영웅들이 없어진 시대**라고 표현을 하셨는데요. 지금은 삶의 거시적인 비전과 희망을 제시하는 영웅 대신, 절망적인 상황 속에서 개인의 이익과 안위를 얻을 수 있도록 안내하는 멘토들의 시대가 온 것 같습니다. 이 공백을 메울 인물이 없는 것도 중요한 문제인 것 같습니다. 그렇다면 왜 오늘날 영웅들이 없어진 시대가 되었는지, 그 공백을 메우기 위해 청년들이 어떻게 준비하고 실행해야 한다고 생각하시는지 의견을 듣고 싶습니다.

박명림 | 여러 부분에서 많은 멘토들의 등장은 의미가 있습니다. 그러나 멘토는 개인적 관계에 머물거나, 또는 제한된 영역에 한정된다는 문

제가 있습니다. 전체를 보지 못하게 하는 것이지요. 고전적 이론으로 돌아가면, 그런 분산된 영역의 멘토들의 존재가 오히려 한 사회의 근본 문제를 보지 못하게 하는 착시 효과를 가져올 수도 있다는 점에 대해서도 예리하게 눈을 떠야 합니다.

또 요즘은 멘토들을 통한 치유와 치료도 많이 말을 합니다. 그러나 이 말은 틀린 말입니다. 멘토를 통해 개인들은 위로와 위안을 받을 뿐 궁극적인 치료와 치유는 불가능합니다. '치료·치유'란 '전체' 및 '건강'이란 단어와 완전히 같은 기원을 갖습니다. 즉 몸, 삶, 또는 체제의 전체적인 회복이 곧 치료이고 치유인 것입니다. 세월호 사태와 같은 비극의 재발 방지를 위한 확고한 대책을 통해, "우리 아이들과 같은 비극적 죽음이 다시는 없겠구나", "우리 아이의 이 희생을 통해 그래도 사람과 세상이 바뀌었구나", "다른 아이들이 이런 어처구니없는 희생을 다시는 당하지 않는 좋은 사회가 되겠구나" 하는 희망이 없이 치유센터에서 개인상담 좀하고, 경제적인 보상을 조금 지원한다고 해서 부모들의 삶이 치료되고 이 사회가 치유되겠습니까? 불가능한 일입니다.

사람을 지키고 보호하는 능력을 갖는 자라는 뜻의 영웅이란 말은 원래 반신半神이라는 의미를 갖습니다. 그 기원은 수호하다/보호하다는 뜻이며, 따라서 수호자(수호신)/보호자란 어원을 갖습니다. 그래서 영웅은 처음에는 인간을 보호하고 지키는 군대, 국가, 정치, 법률 영역의 인물들에게만 사용되다가 점차 종교, 정신, 학문, 문학과 같은 영역으로 확장됩니다. 즉 인간들의 삶에 공적이며 전체적이고 준영구적인 영향을 끼치는 공공 영역에서 자기를 희생하여 타인이나 공동체의 생명과 영혼을 보호하는 데 헌신한 인물들에게 사용하는 말입니다.

세월호의 큰 충격 가운데 하나는, 대통령부터 현장 해경에 이르기까지 공공 영역 인물 중에서 청년들을 구하기 위해 자기를 던진 단 한 사람의 영웅도 없었다는 점입니다. 영웅 실종, 이 점은 우리 시대 국가와 공공 부문의 붕괴를 폭로하는 세월호 참사의 진면목의 하나입니다. 모두가 책임회피와 물질주의에 빠져 있으니 영웅이 있을 수가 없습니다. 영웅은 공적 책임의식에서 출발합니다. 누구도 책임을 지지 않으니 영웅이 있을 수가 없습니다.

반면 사적 영역의 큰 성취자는 영웅이라고 부르지 않습니다. 역사는 수많은 지주, 귀족, 부자, 금융가, 기업 총수……. 이런 이들을 가져왔으나 인류는 이들을 전혀 영웅으로 기억하지 않습니다. 한두 세대가 끝나면 거의 잊히는 것이 사실입니다. 우리는 그리스, 로마, 고구려, 고려, 조선, 중국, 영국의 위대한 정치인과 군인, 종교인과 문학가는 기억하지만, 당대에도 수많았던 대부호들은 단 한 사람도 기억하지 않습니다. 사적 영역의 거대한 성취는 다 잊고 공적 영역의 위대한 희생과 헌신만을 기억합니다. 자기를 던져 인간의 가치와 공동체를 구하고 발전시킨 사람들만 영웅인 것이지요. 그들에겐 공적 헌신이야말로 삶의 진정한 고갱이였지요.

인간은 생존과 실존을 위해 사적 성취를 먼저 중시할 수밖에 없습니다. 그러나 영웅들이 없었다면 인류는 사적 생존과 만족에서 더 나아갈 수 없었을 것입니다. 세계화 이후 신자유주의가 초래한 가장 큰 비극은 물질유일주의, 시장만능주의가 세계를 장악하면서 사적 스타들이 공적 영웅을 대체하여 우리들 삶에 완전한 가치전도를 가져오고 있다는 점입니다. 영웅의 실종, 이는 인류 역사 초유의 일이자 가장 큰 비극입니다. 이제 세계와 한국은 마틴 루터 킹도, 만델라도, 고르바초프도, 민주화 운동가도 다 잊고 그저 모두 배부른 돼지가 되는 길을 향해 달려가고 있습니다. 그나마도 엄청난 빈부격차로 인해 인류 역사상 경제가 가장 발전했다는 지금 5초에 한 명씩 굶어 죽는 참혹한 세계를 만들어놓았으면서도 계속 그러고 있습니다.

경제, 기업, 스포츠, 연예 등 영역의 스타는 우리에게 잠시 개인적 위안과 선망, 대안적 만족을 주지만 우리 삶과 체제를 바꿔놓지는 못합니다. 공적 제도를 바꾸지도 못합니다. 그럼에도 불구하고 물질적 부와 재화, 금융기법을 창출하는 사적 영역의 스타를 시대의 영웅으로 대하는 지구촌이 되었습니다. 기업의 CEO, 월가와 로펌의 고액 연봉자가 성공의 대명사가 되어버렸습니다. 스티브 잡스, 빌 게이츠, 중국, 중동, 멕시코의 대부호들, 한국의 청년거부들은 (마치 스포츠 스타와 연예 스타들처럼) 그 영역의 스타일지언정 공적 영역을 위해 삶을 바친 영웅들은 아닙니다.

이 점에 관한 한 세계와 한국은 지금 인류문명의 근대적 진화를 거슬러 명백히 역진하고 있습니다. 공적 영역의 붕괴와 사적 스타의 공적 영역 장악 시도를 말합니다. 한국은 특히 더 그러합니다. 정주영, 김우중, 정몽준, 이찬진, 진대제, 이명박, 문국현, 안철수⋯⋯. 이 경제스타들은 사적 영역에서의 최고의 성공에 바탕하여 공적 영역에 도전하였고, 대부분은 국가 최고 공직에 도전하였습니다. 그 도전에 성공한 사람도 있습니다. 1987년 민주화 이후 기업경영자가 국가 권력을 장악하겠다고 대통령 선거에 도전하지 않은 것은 단 한 번뿐입니다. 이런 나라는 대한민국밖에 없습니다. 공적 가치 배분과 리더십 훈련을 받지 않은 기업경영자들의 끊임없는 국가권력 장악 시도, 한국에서 민주화는 공화화 · 사회화 · 형평화가 아니라 사사화 · 기업화 · 불평등화와 마찬가지였던 것입니다.

저는 경제와 기술, 기업 경영, IT 영역에서의 이분들의 엄청난 성취와 업적을 분명히 인정합니다. 또 그를 통해 공동체에 크게 기여한 것을 부인할 수 없습니다. 그러나 저는 이분들의 사적 영역에서의 성취가 곧바로 공적 기준으로 평가받고, 이들의 사적 영역에서의 업적 · 스타성 · 멘토 역할이 영웅시되는 것에 대해 오래전부터 깊은 우려와 경각심을 표명해왔습니다. 한국에서 공공성이 붕괴되고, 청년들의 삶이 이토록 불안정해지고 예측 불가능해진 중요한 이유의 하나는 민주화 이후 공적 영역에서의 영웅을 키우지 않고, 심지어 기업과 언론, 종교와 학문 영역이 연합하여 계속 정치 부문과 공적 영역의 인물들을 폄하하고 공격하면서 사적 영역의 가치를 무분별하게 공적 영역에 투입하고, 훈련되지 않은 사적 스타들을 반복해서 수혈하려 한 책임도 아주 큽니다. 그럴 때 이 사회의 공적 영역에서 훈련된 영웅이 나오는 것은 거의 불가능합니다. 비극의 악순환이지요.

인류는 사적 영역의 신분과 성취, 공적 헌신과 영역을 구분하는 데서부터 근대적 공화화와 민주화의 첫걸음을 떼었습니다. 깊이 주목할 만한 분화입니다. 즉 공적 가치의 훈련 및 리더십 배출을 통해, 사적 가치와 인물들의 공동체 장악을 저지해왔던 것이지요. 굉장히 중요한 점입니다.

그러나 신자유주의 등장 이후 가장 심각한 문제는 바로 국가와 공적 영역이 시장과 사적 영역에 의해 다시 식민화되고 사사화되고 있다는 점입니다. 특히 미국을 비롯한 신자유주의 국가들에서 다국적기업들이 주도하는 공공 영역의 사사화, 기업화, 식민화, 민영화의 추세는 끔찍한 결과로 나타나고 있습니다.

이를 저지하고 삶의 공화성과 안정성을 회복하기 위해 청년들은 시민적 삶의 차원에서 젊은 시절부터 투표를 포함한 국가 사안에의 적극적 참여와 함께 작은 공동체와 작은 사회의 복원에 동참해야 합니다. 그를 통해 공적 훈련을 받고 공공가치와 리더십을 배양해야 합니다. 둘 모두 결코 소홀히 할 수 없습니다. 우리나라의 경우 청년들의 투표율은 낮아도 너무 낮습니다. 미래를 살아갈 청년들의 투표 참여가 이렇게 낮은데 누가 그들의 요구를 알아서 들어줍니까? 지금 한국의 투표 참여 비율은 고령층의 정치 의사가 청년층의 미래 삶을 결정하는 기형적 구조가 되어버리고 말았습니다. 투표, 발언, 시위, 공동 모임 등에 모두 참여하지 않는다면 청년들의 요구내용, 삶의 비전을 어디에서 어떻게 들을 수 있습니까? 나 자신의 공적 의제에의 참여가 없다면 공적 사안은 오직 남들에 의해 결정되게 됩니다. 나의 참여가 내 의지가 반영되는 공동체 구성과 내 삶의 변화(를 위한 공동체 혁신)의 출발점인 것이지요.

나아가 작은 모임과 공동체를 구성하여 대화와 토론을 통해 주변의 공적 삶들을 바꿔나가는 헌신과 책임이 공공 영역의 출발이고, 그 가장 낮은 출발점을 바꾸는 참여로부터 공적 영웅도 탄생합니다. 전체도 거기에서부터 구성되고, 거기에서부터 전체가 바뀌기 시작합니다. 지금 우리는 내 주변부터 전체 국가에 이르기까지 총체적인 인간 관계와 인간 공동체의 붕괴를 목도하고 있습니다. 그 점에서 작은 인간 공동체의 부활을 위한, 그리하여 나와 전체 인간 공동체를 바꾸려는 영웅들의 모임이라는 의미를 담아, 제가 '인디고 세대'와 '인디고 혁명'이라는 말을 쓰는 이유이기도 합니다.

영웅은 사회 속에서 만들어지는 것

인디고 │ 민주화 이후 진보와 보수뿐만 아니라 진보 내부의 분열마저 일어나버렸고, 진보 안에서도 공준이 합의되지 못하고 분열을 일으키며 실질적인 구조적 변화를 이루어내지 못하고 있는 것에 답답함을 느끼는 사람들이 많은 것 같습니다. 그 이유로 선생님께서는 **'한국 사회의 비전'에 대한 부재**를 말씀하신 적이 있습니다. 일제나 가난, 독재와 같은 '눈에 보이는 분명한 적'에 저항했던 과거 세대에 비해 적이 분명하지 않은 **이 시대의 진보는 무엇에 저항**해야 하며, 어떤 **공동의 목적**을 가져야 할까요?

박명림 │ 공준은 한 사회가 함께 추구해야 할 공통의 준거를 말합니다. 과거에 우리 사회에는 독립, 건국, 산업화, 민주화와 같은 공준이 있었다면 지금은 그러한 공준 자체가 사라진 상황입니다. 있다면 오직 물질적인 부와 효율성의 논리 정도라고 봅니다. 그러니 당연히 재화와 경쟁 담론 이외에는 어떤 공동체적 비전도 부재합니다. 공동체 전체가 길을 잃으니 청년들이 방황하는 것은 당연합니다.

공준은 공통의 합의를 통해서도 나오지만, 동시에 상류층과 기성세대의 가치 지향적 희생을 통해서도 창출됩니다. 고전 고대 시기에 공공성, 공화국의 한 어원은 군인이었습니다. 그 이유는 가족과 고향, 재산과 같은 사적 가치를 버리고 가장 멀리 떨어진 변경에서 공동체를 지키기 위해 공적으로 희생하고 있는 사람들이 바로 군인이었기 때문입니다.

지금 우리 사회의 공준이 무너진 것은 공적 가치의 추구를 소중히 여기는 것이 아니라, 사적인 물질적 축적을 훨씬 더 중시하고 있을 뿐만 아니라, 공적 영역에서조차 사적 이익을 추구하고 있기 때문입니다. 완전한 가치전도가 일어난 거지요. 그러나 지금까지 공동체의 지향 가치가 잘못되거나 물질을 고르게 나누지 못해서 망한 공동체는 많아도, 물질이 부족해서 붕괴된 국가는 거의 없습니다. 인간 공동체는 공동의 가치를 만드는 게 가장 중요하다고 생각해요.

세월호 참사가 보여주는 바는 한국 사회에서 인간 중심 가치의 철저한 붕괴였습니다. 그것은 '침몰 요인', '구조 실패', '사태 이후', 세 단계 모두에서 철저히 그러합니다. 그 세 단계 모두에서 우리는 충격적인 현실에 눈을 떴습니다. 국가가 사익 추구와 물질주의에 매몰되어 있을 때 어떤 공적 역할도 수행하지 못한다는 점이었습니다. 그리고 어떤 시민적인 공적 합의의 도출도 어렵다는 점입니다. 왜냐하면 국가가 사익과 물질 추구에 매몰되면, 공적 책임감을 갖지 않게 되는 힘 있는 자들은 일반 인민들의 아픔에 함께 아파하지 않기 때문입니다. 또는 아픈 자들의 실존을 이해하지 못하기 때문입니다. 즉 힘 있는 자들은 아파하지 않고, 아파하는 자들은 힘이 없기 때문입니다.

거기에서 중대한 괴리와 단절이 발생하여 공적 가치와 공적 준거는 증발되고 맙니다. 사적 이익과 견해와 이념만이 난무하는 것이지요. 정치의 위축—위로부터의—과 시민의 희망 상실—아래로부터의—이라는 쌍방향 현상도 국가 공공 기구의 사사화와 역할 붕괴로 인해 나타나는 결과이자 원인입니다. 요컨대 관공 영역官公領域, the official/officialis과 민간 영역the private/privatus을 연결하고 공준을 창출하는 필수기제인 공공 영역公共領域, the public/publicus. 시민 영역the civil/civilis이 축소되고 왜곡되고 단절되어 공준 창출이 불가능한 것입니다. 민주화 이후 한국 사회가 직면한 가장 심각한 문제입니다.

세월호 사건은 공준 부재 공동체의 자기 모순적 역설을 폭로하였습니다. 즉 한국에서 '제도'·'기구'·'조직'으로서의 국가는 거대하고 막강하였지만 '정신'·'능력'·'역할'로서의 국가는 형편없이 허약하고 지리멸렬하기가 이를 데 없었다는 점입니다. 형용모순적 표현으로서 '강한 국가의 역설'이라고 할 수 있습니다. 이 거대한 국가 조직이 이리도 형편없는 능력을 갖고 있다니? 그것은 국가 내부조차 자기의 공적 행동준칙인 공준을 전혀 갖고 있지 못했기 때문이었습니다. 도대체 배 안의 청년들은 지금 죽어가고 있는데, 눈앞에서 손짓하며 국민이 국가에게 절박하게 구조를 요청하고 있는데, 구조의 비용과 계약사항과 관할과 책임부서를 타산하는, 그리고는 죽어가도록 방치하는 국가 행태로부터 어떤 공적 책임의식과 행동준칙을 발견할 수 있으며, 어떤 신뢰를 보낼 수 있습니까?

저는 지금 우리 사회가 가져야 할 비전의 핵심은 공공성의 복원이라고 봅니다. 그리고 이것이야말로 최대 최고의 공준이 되어야 한다고 봅니다. OECD 국가들에 대한 종합적인 비교연구를 하면 공공성의 증대야말로 곧 개인 삶들의 고르고 높은 형평성, 안정성, 문화성, 예측가능성의 증대로 직결된다는 점을 보여주고 있습니다. 공공성이 높고 확고하게 구축된 국가들의 개인 삶은, 신자유주의가 지배하는 국가들의 불평등한 개인 삶들과 형평성, 안정성, 예측가능성, 문화성에서 비교되지 않습니다. 제가 자주 공공성은 개인성이라고 강조하는 연유이기도 합니다.

따라서 지금 한국 사회의 균열의 중심축은 보수 대 진보가 아니라 공공 대 사사라고 봅니다. 한국의 진보가 저항해야 할 대상도 공동체를 끊임없이 사사화하려는 사적 가치의 만연이며, 추구해야 할 가치는 공공성과 공화성인 것입니다. 끊임없는 원자화, 자영화, 사사화, 고립화, 개별화 경향에 강력히 저항해야 합니다. 원자화와 사사화는 '무사유', 즉 '생각 못하게 함'을 특징으로 합니다. 먹고사는 데 정신없이 바쁘게 하여 우리 삶을 공적 공간으로부터 단절시키고 공적 참여 능력과 자격을 박탈하려 합니다. 그러한 체제의 특징은 개인들의 정신없는 바쁨과 전쟁 같은 삶과 무사유입니다. 그리하여 전체를 생각 못 하게 합니다. 그 결과는 자유와 평등의 박탈입니다. 전체주의 독재는 체계적이고 억압적인 관료조직에 의한 정신없는 동원과 물샐 틈 없는 감시를 통해 인간들의 자유와 평등을 박탈했다면, 시장만능주의는 끝없는 불평등과 자영화, 원자화와 개인 방치를 통해 인간들을 공적 공간 밖으로 내동댕이침으로써 자유와 평등을 박탈합니다.

인간으로서의 독립성과 주체성을 회복하기 위해 우리는 그러한 박탈과 배제와 무사유 압력에 단호하고도 강력히 저항해야 합니다. 나 자신의 시민 자격과 내 삶의 공적 공간의 쟁취가 핵심인 것입니다. 그러기 위해 광장으로, 모임으로, 대화로, 공적 공간으로 계속 나와야 합니다. 절망과 패배의식과 고립에 빠져 있지 말고 작은 움직임이라도 보이고, 작은 조직에라도 참여하십시오. 그리하여 나와 같은 처지에 있는 수많은 '나'들과 손을 잡으십시오. 그때 '너'='당신'은 '또 다른 나'가 되고, 그때 각각의 '나'는 마침내 '나'들='우리'가 되고 '전체'가 될 것입니다.

그렇지 않으면 아무도 우리 문제를 나 대신 알아서 해결해주지 않습니다. 내 사적 삶의 보호와 증진, 나라는 개인 자유의 확고한 견지, 내 삶의 독립성의 수호를 위해서라도 나는 공적 공간에 참여해야 하고 발언해야 하며 타인과 연대해야 합니다. 공적 공간에서의 발언권이야말로 거꾸로 내 사적 삶의 보호장치인 것입니다. 은둔과 고립, 좌절과 낙담이 결코 해답일 수는 없습니다.

그렇지 않다면, 즉 끊임없이 불참하고 박탈되고 배제된다면 이 사회의 삶들은, 누구는 조금 더 잘 살고 누구는 조금 더 못 살고 하는 '정도의 문제'가 아니라, 누구는 인간적으로 살고 누구는 비인간적으로 사는 '실존의 문제'로 변전될 것이며, 그것은 지금 세계 최악의 자살률과 출산율이 보여주듯, 끝내는 누구는 살고 누구는 죽는 '본질의 문제', '생존의 문제'로 귀결되고 말 것이기 때문입니다. 피할 수 없는 두려운 현실인 것입니다.

앞서 우리는 영웅의 부재에 대해 담론하였습니다. 그런데 지금 왜 과거에 비해 영웅이 부재합니까? 그것은 정치부터 언론, 학문, 문화, 예술,

종교에 이르기까지 거의 모든 영역이 유사합니다. 영웅은 공공을 위한 개인 삶의 큰 희생, 큰 양심, 큰 헌신, 큰 내려놓음에 비례합니다. 결국 사적·개인적 이해관계를 내려놓은 만큼 큰 도덕적·사회적 울림을 주면서 영웅으로 빚어지는 것입니다. 그것을 반복하는 과정에서 영웅으로 등장하는 것입니다. 즉 영웅은 탄생하는 것이 아니라 사회 속에서 만들어지는 것입니다.

어느 영역에서도 지금 우린 과거 초기 근대화 시기, 독립 운동 시기, 건국, 산업화와 민주화 시기에 비해 그 당시만큼 크게 내려놓는 인물들로부터 울려퍼지는 양심의 소리를 듣지 못하고 있습니다. 사회윤리와 도덕을 표상하는 깊은 죽비소리의 인물도 없습니다. 최근 들어 공직 청문회가 증명하는 것은 우리 시대 성공한 사람들에게서 드러나는 공공성의 철저한 붕괴와 공적 양심과 도덕의 파탄입니다. 그런 초라하고 궁색한 공적 삶들에서 영웅을 기대할 수는 전혀 없는 것이지요. 이 시대에 성공은 대체 무엇을 의미하는 것인가요? 결국 청년들에게 기대하고 부담 줄 수밖에 없는 슬픈 현실입니다.

평화 운동으로서의 통일

인디고 《코리아 헤럴드》와 인터뷰 중에 북한과 통일 문제와 관련해 선생님께서 **"무엇보다 시급한 것은 남한의 국민 통합과 내부 타협"**이라고 말씀하셨습니다. 남한 내부의 타협을 바탕으로 한 북한과의 일관성 있는

2부 절망의 시대, 희망의 길을 묻다

대화를 시도하지 않으면 통일이 이루어지지 않는 것은 당연지사겠지요.

하지만 가끔 이런 생각이 듭니다. 우리 사회의 공적 영역에서의 통합이 불가한 이유가 어쩌면 분단의 현실 때문이 아닐까 하고 말이지요. 즉, '북한'과 '공산주의'라고 하는 낙인에 의한 두려움과 공포의 효과가 공적 논의 자체를 불가하게 만드는 상황을 많이 겪고 있습니다. 따라서 어쩌면 통일을 위한 내부 통합보다, 통일에 의한 내부 통합이 빠른 길이 아닐까 하는 생각도 드는데요.

더불어 태어나면서부터 분단국가에서 자라난 지금의 젊은 세대는 북한에 대한 동포 의식이 단절됨으로써, 북한에 대한 연민이나 그리움이 없는, 대신 근거 없는 적대심과 무관심으로 일관하는 현상이 점점 많아지고 있습니다. 과연 **새로운 세대는 내부 통합과 이를 통한 통일**을 이루어 한 발 앞으로 나아갈 수 있을까요? 그를 위해 무엇이 필요할까요?

박명림 │ 우리 사회에 공준이 무너진 두 가지 근본 이유는 경제제일주의와 이념제일주의입니다. 전자가 신자유주의의 산물이라면, 후자는 반공·반북주의 산물입니다. 전자는 이미 말씀을 나누었으니 후자에 대해 말씀을 드려보지요. 먼저, 안보 논리와 담론은 분단국가로서 생존과 발전을 위해 필수입니다. 그것은 이른바 분단국가의 사활적 요소입니다. 그러나 안보 담론이 이념주의로 전변되어 국가 안보와 남북 관계 영역을 넘어 공동체의 다른 모든 영역, 즉 교육, 복지, 노동, 민주주의, 청년취업, 언론, 외교 문제까지 이념적으로 지배하고 좌우하는 데에 문제의 심각성이 있습니다. 이 영역들의 문제 접근과 해결은 남북 문제와 직접적인 관련이 없는 것임에도 불구하고, 조금만 진보적 개혁을 말하거나 근본적 문제를 제기하면 곧바로 대형 언론, 정당, 교회 및 보수단체들로부터 좌파·종북·친북이라고 공격을 받습니다. 심지어 여러 서구 선진자본주의 민주국가들이 아예 대학등록금이 없음에도 불구하고, 반값등록금을 주장하는 것조차 사회주의 친북주의라고 공격을 합니다. 노동 문제 역시 마찬가지입니다. 종북 낙인 찍기, 종북 담론 만능주의인 것이지요.

이런 전도된 이념 지형, 이념 분열 상황에서는 최소한의 내부 개혁조차 어렵습니다. 따라서 내부 통합 없이 남북통일을 말하는 것은 더욱 불가능할 뿐만 아니라 위험합니다. 만약 말씀하신 대로 '통일에 의한' 내부 통합을 추구할 경우, 내부 분열 상황에서는 통일을 이루어가는 과정에서 이미 극단적인 대립과 투쟁이 일어나 더욱 심각한 상황으로 돌입하고 말 것입니다. 선후가 바뀐 것이지요. 오랜 인류 역사가 보여주듯 내부 타협과 통합이 없다면, 적대 세력과의 통합은 더욱 불가능한 것입니다. 이미 실패한 북한 체제를 추종하는 종북 노선은 시대착오적이고 전연 실현 가능성이 없음은 강조할 필요도 없습니다. 그러나 내부의 모든 이견 세력을 종북으로 몰아서는 안 됩니다. 내부의 이견조차 타협과 통합을 이루어내지 못하면서 우리와 전쟁을 치른 상대와 통합 통일을 이룬다는 것은 어불성설입니다. 내부의 진보와도 통합을 못하면서 북한과 통일을 추구한다? 이것은 불가능한 경로입니다.

독일의 통일 주역들이 동독과의 통일 추진에 앞서, 내부의 개혁을 통해 연합과 타협의 정치를 추진한 것은 깊이 유념할 필요가 있습니다. 독일 통일과 관련하여 두 가지를 강조하고 싶습니다. 먼저, 놀랍게도 건국

이래 모든 정부가 서독은 100% 연립정부였습니다. 그 놀라운 연합 경험을 통해 그들은 상대의 다른 정책, 노선, 이념, 인물을 받아들이는 타협과 공존의 체험을 누적하였고, 이는 동독과의 공존과 타협으로 연결되는 데 결정적인 훈련 과정이 되었습니다.

둘째로 진보-보수 갈등이 아닌 공존을 통해서 지속적인 타협에 바탕해 내부의 사회경제적 개혁을 이룸으로써 높은 형평성과 복지를 이룩한 사회국가를 건설하여, 동독 주민들로 하여금 서독의 자유와 복지를 동경하는 상황을 만들 수 있었습니다. 이 점이, 우리가 독일의 통일은 서독 내부의 통합이 선결요소였다고 해석하는 근거인 것입니다. 독일 통일은, 서독의 구조변경과 동독 인민의 통일의지, 그리고 동서독 리더십의 상황 돌파가 잘 어우러진 하나의 예술이었던 것입니다.

다시 강조합니다만, 서독의 내부 타협과 공존을 보면서 동독 인민들은 자신들을 향한 (통일 이후의) 서독 인민들의 공존과 포용의지를 미리 확인할 수 있었던 것입니다. 게다가 동독과는 다른 평등한 복지국가를 이룸으로써 (통일 이후의) 자신들의 사회경제 상황에 대해서도 예측할 수 있었던 것입니다. 그러나 우리는 지금 서독과는 정반대로 가면서 통일(대박)을 말하고 있습니다. 조금만 진보적인 개혁을 주장하면 종북주의로 낙인찍고, 복지국가는커녕 OECD에서 가장 불평등한 국가를 만들어 놓고도 북한을 향한 흡수통일이나 북한 인민의 남한 동경을 희구하고 있습니다. 완전 거꾸로인 것이지요. 이렇게 보면 (북한 체제가 더 이상 대안이나 통일 모델이 아닌 조건에서) 통일은 남북 문제이기에 앞서 남한 내부 문제인 것입니다. 우리는 내부의 타협과 통합이 가능한 그만큼의 관용의 크기에 비례하여 북한을 포용하고 그들과 타협과 통일의 공간을 넓혀갈 수 있을 것입니다.

그렇다면 통일은 필요한 것일까요? 당연합니다. 우선 지금 북한 주민들의 최악의 독재와 인권 상황, 그리고 빈곤 상태를 타파하기 위해서도 필요합니다. 지금 북한 주민들은 지구상에서 최악의 반문명적 상황에 놓여 있는 상태라는 점을 직시할 필요가 있습니다. 이러한 상황을 개선하기 위해서라도 평화를 통한 통일은 장기적으로 필수입니다. 우리들 바로 이웃에 이러한 최악의 상황에 놓여 있는 인류가 존재하고 있는데도 불구하고 계속 외면한다면 우리의 보편적인 인도적 양심은 어디에서 찾을 수 있습니까? 북한이 통일을 이룰 수 있는 가치와 능력, 전망을 갖고 있지 못한 상태에서 그것은 우리들 남한 국민들에게 주어진 과제가 아닐 수 없습니다. 나아가 우리 자신을 위해서도 통일은 필요합니다. 현재의 종북 낙인 찍기와 개혁 좌절은 많은 부분 분단으로 인한 이념 공격으로부터 발생합니다. 또 아무리 비정상적인 국가 무능, 청년 고실업, 사회적 불평등 상태일지라도 북한과의 대결을 이유로 정당화되는 것이 한둘이 아닙니다. 이래서는 안 됩니다. 특별히 청년들의 삶의 질을 위해 그러합니다. 분단·북한·통일 문제에 대한 청년들의 무관심은 자칫 우리 현실의 근본적인 개혁 목표를 상실하게 하고 미래의 비전을 실종시켜서, 적당한 현상유지와 패배주의를 받아들이게 할 위험이 있습니다. 통일지상주의는 문제가 많습니다만 통일포기주의 역시 바람직한 대안이 아닙니다.

결국 우리가 궁극적인 민주국가·인권국가·복지국가·형평국가·평화국가를 건설할 수 있느냐 없느냐의 문제는 상당 부분이 남북 대결의 완화와 평화 공존, 그리고 통일에 달려 있습니다. 실업 문제의 극복과 복지예산 증가를 포함해 우리들 삶의 질의 많은 부분은 분단 비용의 축소로부터 발생하기 때문입니다. 통일 비용을 걱정하고, 그리하여 북한을 배척하고 적대하기에 앞서, 분단 비용으로 인한 우리 공동체와 삶의 구조적 폐해를 객관적으로 직시할 필요가 있습니다. 저는 청년들이 우리 공동체의 근본 성격을 결정한, 그럼으로써 우리 삶의 질을 좌우하고 있는 핵심 요소의 하나가 남북 분단이라는 점을 정면으로 응시하고, 이 문제에 대한 개혁 열망도 함께 갖기를 소망합니다.

결국 새로운 세대의 통일 문제 인식과 통일 담론은 민족주의, 민족 문제라는 인식에 바탕한 기존의 통일 운동과 통일지상주의, 북한 적대와 배척의 극단적인 이분법을 넘어서 나아가야 한다고 봅니다. 그것은 우리 공동체 내부의 개혁으로부터 발원하는 일종의 공화주의 운동, 평화 운동으로 시작되어야 한다고 봅니다. 우리 삶의 질의 개선을 위한 극복 요소의 하나로 분단·통일 문제를 설정하는 동시에, 북한 주민의 보편적 인간 가치의 증진을 위한 경로의 하나로서 통일 문제를 상정하는 것이지요. 그런 점에서 통일 문제는 우리 내부 문제이면서 인류 보편적인 문제라는, 지금까지와는 전혀 다른 이중성에서 접근해야 합니다. 이제 우리는 기존의 민족적 접근을 넘어 통일 문제에 대한 획기적인 발상의 전환이 필요한 시점입니다. 저는 이러한 사유의 전환을 기성세대가 아닌 청년들과 함께 추진해보고 싶은 소망을 갖고 있습니다.

새로운 세대와 희망의 가능성

인디고 |《한겨레》 지면에 쓰신 팽목항 르포 기사의 가장 마지막에 "청년들은 이 못난 세대, 불행한 조국의 현실을 기필코 혁신하라. 이 세대를 본받지 말고, 나라를 발본적으로 뜯어고치라. 이 패덕의 세대, 야만의 국가를 부디 광정하라"고 하시며 사회 변혁의 주체로 청년 세대를 호명하셨는데요. 그렇다면 선생님께서 교단에 서는 교수로서 마주한 청년 세대의 모습은 어떤지 궁금합니다. 지금의 **청년 세대들의 모습에서 발견한 희망의 가능성, 혹은 그들이 극복해야 하는 한계**가 있다면 무엇이라고 생각하시는지요?

박명림 |《한겨레》 보도가 나간 뒤 많은 분들이 마지막 문장을 언급하였습니다. 그러나 저는 그 말을 쓰고 머지않아 후회했습니다. 청년들에게 너무 큰 부담을 준 것은 아닌가 싶어서요. 그러나 '세월호 이후' 진행되는 끔찍한 사태를 보면, 결국 기성세대에게 기대할 것은 아무것도 없지 않은가 싶어 잘 말하지 않았나 하는 자기 위로도 해보았습니다.

혁신[innovare=in(in/into)+novus(new)]은 본래 두 가지 의미를 갖습니다. 하나는 안에 들어가서 새롭게 하라는 것이고, 다른 하나는 안에서부터 새롭게 하라는 뜻입니다. 그런데 과연 우리 세대가 안으로부터 새로워질 수 있겠는가? 저는 불가능하다고 보았습니다. 자신들의 기득이익과 고루한 관점에 매몰되어 결코 내려놓지 않으려 하기 때문이지요. 그래서 아직 기성관념과 이익에 물들지 않은 청년들에게 혁신을 부탁하였던 것입니다.

자살, 저출산, 실업 문제를 포함해 기성세대는 청년들에게, 금번 생수장生水葬 이전에도, 오랫동안 도덕적·사회적으로 이중범죄자였습니다. 즉 이런 사회를 만들어놓았다는 점에서 그렇고, 그 극복의 짐을 청년들에게 부과한다는 점에서 그렇습니다. 저는 이 얘기를 기성세대에게는, 맹렬한 반성을 촉구하는 의미에서 오래전부터 해왔습니다. 한 사회의 당대 모습은 세대 전체에 의해 대표된다고 할 때 이 사회 모습에서, 또 그 책임에서 나 홀로 예외일 수는 없습니다. 저는 그 점을 직시해야 한다고 봅니다.

이를테면, 돈 중심 가치와 사교육 제도의 세계 최고의 발전을 포함해, 어른들은 돈을 벌기 위해 청소년들을 향해 온갖 중독과 타락과 게임·음란 기기 및 수단들을 모든 장소와 시간대에 접촉 가능하도록 '산업'과 '국가발전'의 이름으로 진흥시켜놓았습니다. 저는 청소년들의 집단 타락을 필수적으로 동반하는 악이 어떻게 산업과 생계수단의 이름으로 전국가적으로 장려될 수 있는 것인지 도무지 알 수가 없습니다. (다른 집) 청소년들이 중독·타락하지 않았어도 내 (게임)회사, 내 (사설)학원, 내 가정경제(PC방, 모텔, 음란주점 등), 즉 기성세대의 수입과 경제와 산업이 지금처럼 번창했을까요? 불가능했을 겁니다. 결국 나쁜 청소년은 없습니다. 그들을 나쁘게 만드는 어른세대와 사회가 있는 것이지요.

기성세대와 사회체제가 먹고사는 핵심수단의 하나가 청소년들의 타락이고 중독이고 사교육이고 일탈인 그런 국가를 만들어놓고는, 그들 보고 스스로 잘 이겨나가고, 스스로 바르게 살고, 스스로 좋은 나라를 만들라? 그것이 어떻게 가능할까요? 기성세대는 정말로 그게 가능하다고 생각하고 이런 나라를 만든 것일까요? 게다가 이런 타락기제와 체제를 만든 기성세대 대신 청년들을 법적으로 처벌하고 규제하며, 도덕적으로 비난하는 이중행태는 또 무엇인가요? 이 모든 죄악에 대한 총체적 반성과 청년들에 대한 참회와 사과 없이 기성세대가 세월호 구조를 넘는다는 것은 불가능합니다. 지금 저의 말은 누구보다 저 자신을 향한 것입니다.

이제 청년들의 길은 분명합니다. 여러분들의 희망은 우리 세월호 세대가 만들어놓은 거짓과 허상으로부터 멀어질수록 클 것입니다. 저는 그것을 그대들에게 온 마음을 다해 호소하고자 합니다.

여러분 세대에게서 발견하는 희망의 가능성은 우선 발랄함입니다. 어떤 이념과 구속으로부터도 자유로운 그 발랄함을 갖고 여러분 앞에 나타나는 문제들에 정직하게 정면으로 도전하십시오. 발랄하다는 말은 살다/살아 있다는 말에서 나옵니다. 즉 발랄하다는 말은 생명력이 있다는 뜻입니다. 그러니 발랄함을 무기로 기성권위나 기성가치에 너무 주눅 들지 말고 자기 삶과 생명의 미래를 설계하십시오. 특히 잘못된 권위와 잘못된 가치에 쉽게 무릎 꿇지 마세요.

우리 세대는 여러분들처럼 발랄하지 못했습니다. 정직하게 도전하라는 말은 너무 계산하고 따지지 말고 자신의 마음과 양심을 따라, 어른들을 만날 때에도, 아플 때는 아프다고 외치고, 잘못된 것은 잘못되었다고 당당하게 말하라는 뜻입니다. 이렇게 아프고, 이렇게 고달프고, 이렇게 힘든데 안으로만 가둬두고 억압하면 세대 전체가 마음의 병이 들어서 안 됩니다. 겉으로 꺼내놓고 세상을 향해 외치십시오. 외치지 않으면 아무도 들을 수 없습니다.

두 번째 희망은 여러분 모두가 열심히 살고 있다는 점입니다. 여러분 세대는 공부―학교와 학원, 영어, 수학, 컴퓨터 등―나 아르바이트를 우리 세대보다는 훨씬 더 열심히 하고 있습니다. 그 열정을 갖고, 조금만 더 높고 넓게 눈을 떠서, 내면을 보고 옆을 보며 자기 문제와 사회 문제에 집중한다면 저는 여러분이 못 이룰 것이 없다고 봅니다. 특히 부모세대의 경제적 성공으로 안정을 이루어 학업만 열심히 하고 있는 청소년들이 있다면, 꼭 옆을 함께 보라고 말을 해주고 싶습니다. 남을 위하지 않는 공부는 참 공부가 아니기 때문입니다.

끝으로 전체적 사회상황이 주는 역설적인 희망입니다. 인간들은 모두가 시대의 자녀들입니다. 모든 시대는 그것을 넘기 위한 비전과 영웅을 필요로 합니다. 우리 세대가 독재와 싸우느라 민주주의에 눈을 떴다면, 여러분들은 지금 학업과 취업에서 과도한 경쟁에 내몰리고 있습니다. 우리 세대가 사회국가·복지국가를 만들지 못한 이유 때문이지요. 저는 자살과 저출산과 불평등과 불안이 극에 달한 이 반인간적·반생명적인 시대와 맞서기 위한 철학과 행동을 가다듬는 과정에서 여러분 중 많은 사람들이 크고 깊은 인물들로 자라날 것으로 믿습니다.

다만 여기에는 중요한 전제가 있습니다. 끝까지 좌절하거나 낙담하지 마십시오. 좌절은 자기 개인, 자신의 성공에 집착할 때 자주 찾아옵니다. 단기적 성취와 실패에 너무 연연해하지 마십시오. 반드시 옆, 동료, 나보다 어려운 사람, 시대를 고민하십시오. 그러면 놀라운 변화가 찾아옵니다. 그들을 위해 살려는 사람들에게는 좌절은 쉬이 찾아오지 않습니다. 시대적 과제가 주는 소명의식 때문이지요. 깊고 긴 호흡으로 시대와 만나십시오. 그러면 반드시 넘어설 수 있을 것입니다.

따라서 여러분이 극복해야 할 가장 중요한 문제는 다른 모든 청년들도 나와 같은 고민을 갖고 있다는 동료의식, 연대의식을 갖추는 일입니다. 여러분 세대 전체가 어렵습니다. 자기의 어려움과 이 시대를 넘어서기 위해서는 동료들과 함께 가야만 합니다. 타인과의 연대를 말합니다. 거기에 길이 있습니다. 요컨대 전체에 눈을 뜨십시오. 그리고 함께 가십시오. 새벽에 깨어 맑은 영혼으로 늘 자신의 비전과 미래 쓰임새에 대해 묵상하십시오.

어른들에게도 꼭 부탁하고 싶은 말이 있습니다. 세대전쟁? 그런 것은 없습니다. 아내가 행복하면 남편도 행복하듯, 여성이 행복하면 남성도 행복합니다. 즉 평등하면 인간 모두가 행복합니다. 남녀전쟁은 없는 것입니다. 마찬가지로 자녀세대가 행복하면 부모세대도 행복해지는 겁니다. 아니 자녀의 행복은 부모 행복의 필수요소입니다. 그래서 자녀세대를 위해 사회를 예측 가능한 국가, 복지국가를 만들어 함께 행복해지는 것이 반드시 필요한 것입니다. 저는 기성세대가 진정으로 여기에 눈을 뜨기를 간절히 호소합니다.

자녀들이 행복한 사회를 만드는 것이 기성세대가 행복해지는 지름길입니다. 자녀의 행복이 부모의 행복입니다. 앞서간 모든 세대, 모든 나라들의 경로가 분명하게 보여주는 경험칙입니다. 그러나 조기교육으로, 사교육으로, 고액과외로 내 자녀 하나만 행복하게 만들어줄 수 있는 그런 사회는 존재할 수 없습니다. 전란 속에 평화로운 삶이 불가능하듯, 나쁜 사회에서 좋은 개인 삶은 불가능합니다. 좋은 사회를 만들기 위해 기성세대가 희생하지 않는다면 자녀들의 좋은 삶은 불가능합니다. 지금 언론이 황당하게 세대 간 전쟁을 조장하는데 이건 절대로 옳은 접근방법이 아닙니다. 결코 세대전쟁이 아니라 세대공존인 것입니다.

삶은 연대와 사랑의 본질적 이유이다

인디고 | 세월호 침몰 당시 가장 충격을 많이 받았던 사람들은 유족들을 제외하고 아마도 또래의 청소년들이었을 것입니다. 실제로 그 시기에 비슷한 방법으로 수학여행을 갔거나 갈 예정인 아이들이 느끼는 공포는 마치 세월호 안에 자신이 타고 있는 것과 같지 않았을까요. 하지만, 이들이 세월호를 스스로 잊고 있습니다. 그 이유를 아이들은 **'피로함'**과 **'무기력함'**이라 표현합니다. 진심 어린 애도와 슬픔의 표현을 억누르고 자제하길 가르치는 학교이기 때문일 것입니다. 그럼에도 청소년들이 **세월호 사건에서 절대로 잊어서는 안 될 장면**은 무엇일까요? 이 아이들이 무기력해지지 않고 현실의 문제를 직시하기 위해서는 어떤 도움이 필요할까요?

박명림 | 청년들이 받은 충격은 이루 말할 수 없을 것입니다. 이 점에 관한 한 어떻게 위로의 말을 해야 할지 저는 아직도 막막합니다. 저는 좀 큰 규모의 청년공동체에서 말을 할 기회가 주어졌을 때 기성세대로서 진심 어린 '사과'로부터 시작을 하였습니다. 그것이 그들에 대한 최소한

의 도리라고 생각했기 때문입니다. 당시 저는 위로, 기억, 위무, 희망, 극복……. 이런 말을 할 자신이 없었습니다.

세월호 참사에서 절대로 잊어서는 안 될 장면을 물어보니, 너무 많아서 간단치가 않군요. 또 '절대로'라는 말이 갖는 무게도 감당하기 쉽지 않구요. 그러나 한 가지만은 우리 모두 잊지 않았으면 좋겠습니다. 그것은 바로 여러분 친구들이, 가라앉고 있는 배 안에서 마지막 구조를 간절히 애원하였는데도 국가는 그것을 그냥 보고 지나칠 뿐 아무런 구조의 손길을 내밀지 않고 방기했다는 점입니다. 두고두고 소름 끼치는 이 장면이야말로 우리 시대의 본질, 국가의 역할 해체, 생명의식 마비를 총체적으로 드러낸 가장 압축적인 정점이라고 보기 때문입니다. 저는 이 한 순간, 이 한 장면에 우리 시대의 모든 것들이 압축되어 있다고 봅니다.

지금 질문에서 청년들이 "스스로 잊고 있다"는 말처럼 가슴을 때리는 말이 없군요. 그 말은 세월호 이후 들은 말 중 제게는 가장 비통한 말입니다. 최선의 방법은 이 사회가 청년들로 하여금, 세월호 악몽을 떠올리지 않을 수 있도록, 잊을 수 있는 상황을 만들어주면 되는데 지금 그것은 불가능합니다. 사실 망각은 재발을 가져올 뿐입니다. 인류 역사를 돌아보면 악은 망각을 딛고 자라납니다. 척결·극복·성찰이 없는 망각은 더 큰 악을 불러올 뿐입니다. 우리가 망각 및 망각을 강요하는 압제와 싸워야 하는 이유입니다. 기억은 곧 망각을 강요하는 세력과의 투쟁인 것입니다. 그런데도 "스스로 잊어야 할 만큼" 피로와 무기력을 강요당하다니, 어렵더라도 반드시 어떤 공통의 단서를 찾아야만 할 것 같습니다.

세월호 참사 때도 "가만히 있으라"고 하여 청년들의 집단 죽음을 가져왔습니다. 지금은 또, "언제까지 세월호에 빠져 있을 거냐?"면서 "이제 잊으라", "일상으로 돌아가라"고 말합니다. 그것은 바른 접근 방법이 아닙니다. 인간은 개인이나 집단이나 충분히 아파하고 슬퍼할 때 과거를 딛고 미래로 나아갈 수 있습니다. 슬픔은 가능한 한 누구나 피하려는 마음 상태입니다. 즉, 내가 스스로 슬퍼하는 사람은 아무도 없습니다. 결코 일부러 슬퍼할 수 없는 게 인간입니다. 슬픔은 슬프게 만드는 상황이 존재하기 때문에 다가오는 내면 심리상태입니다. 따라서 슬픔을 초래한 비극적 상황을 극복한다면 슬픔은 자연스럽게 치유가 됩니다. 거기서 희망도 생겨나고 자라납니다. 인간은 강제로 슬픈 감정을 억누르고 강제로 희망을 가질 수는 없는 존재입니다.

그런데 슬픔은 가능한 한 가장 깊은 바닥 상태까지 도달하였을 때 다시 치고 올라오는 속성이 있습니다. 슬픔은 그것이 클수록 자기를 돌아보고, 또 사회 전체를 돌아보게 만드는 계기가 됩니다. 애도의 심리학이 그렇습니다. 우리가 충분히 울고 나면 감정의 어떤 치유와 정제, 정갈한 심리상태를 느끼게 되어 다시 입술을 깨물거나 굳은 각오를 다지게 되는 이유가 여기에 있습니다. 슬픔의 역설입니다. 우리 일상이 언제나 슬픔에 의해 전적으로 지배될 수는 없기 때문입니다. 인간은 이 점에서 지극히 모순적인 존재입니다. 비극과 슬픔이 우리를 바닥에서 다시 치고 올라오게 하는 힘을 주지만, 동시에 나날의 일상을 살아가야 한다는 것은, 지금 내 몸을 움직여야 하는 것이고, 그것은 내 몸을 움직일 수 있도록 마음이 회복되어야 한다는 것을 뜻합니다.

따라서 여러분은 일상의 마음과 나날의 행동에서 항상 깊은 애도와 슬품을 간직하고 살 수는 없습니다. 그러면 정상적인 일상 삶 자체가 불가능합니다. 그러나 공적·전체적 시민으로서 이러한 사태를 잊고 살 수는 없고, 그래서도 안 됩니다. 내면 윤리의 공적 토대랄까, 자기 행동의 역사적·사회적 준거를 말하는 것입니다. 즉 공적 심성이 갖는 중요성입니다. 소크라테스로부터 시작해 마키아벨리와 링컨을 거쳐 함석헌과 아렌트가 힘주어 강조하는 공적 심성이란 바로 이런 것을 말하는 것입니다.

다음 물음은 여러분이 무기력해지지 않기 위해서 필요한 것이 무엇일까에 관해서입니다. 가장 어려운 질문이라고 생각합니다. 아래의 제 말이 바른 해법인지에 대해서는 개인적으로 자신이 없지만, 저는 적어도 두 가지를 강조하고 싶습니다. 이것은 말씀을 드려야 제가 어른으로서의 최소한의 의무에 값하지 않나 싶습니다.

첫째는 여러분은 지금 구조로서의 세월호, 즉 위험한 대한민국에는 타고 있지만 사건으로서의 세월호는 타지 않았다는 점입니다. 즉 최악의 상황을 피한 다행스러움과 미안함의 이중 상황에 놓여 있다는 점입니다. '다행스러운 미안함', 또는 '미안한 다행스러움', 거기에서부터 문제를 풀어갔으면 좋겠습니다. 우리는 죽음이라는 최악의 상황은 피하였습니다. 살아남은 자로서의 다행스러움을 살아남은 자로서의 미안함을 갚는 데 함께 사용하자고 말하고 싶습니다. 매우 조심스러운 제안입니다.

우리는 모두 한 번 살 수밖에 없습니다. 또 모든 삶들은 꿈과 비전을 세우는 청년의 때에 만난 거대비극으로부터 영향을 받지 않을 수 없습니다. 그렇다면 차라리 이 비극을 초래한 요인들을 피하지 말고 정면으로 맞서 함께 극복하는 데에 힘을 보태자고 말하고 싶습니다. 거기에서 비로소 이 시대를 온전히 안고 넘을 정신과 삶을 보여줄 영웅도 태어날 것입니다. 영웅은, 시대의 아픔에 대해 평범하지 않은 각오로 맞선 평범한 사람 중에 태어나기 때문입니다.

때문에 두 번째로 거듭 말씀드리고 싶은 것은, 바로 여러분은 혼자가 아니라는 점입니다. 대화와 만남의 광장으로 나오십시오. 홀로 갇혀 있지 말고 넓은 세상으로 나오십시오. 저는 제주 4·3, 한국전쟁, 학살, 생명, 통일, 세계평화 등에 대해 공부하면서 한국과 세계의 가는 곳곳마다, 오래도록 홀로 걷고 답사하고 하면서도 한 번도 고립되고 힘들다는 생각을 해본 적이 없었습니다. 초기에는 아무래도 군사정부 시절이라 신체적인 위험을 포함해 적지 않은 어려움을 겪은 것이 사실이지만, 또 어떤 문제에 대해 먼저 시작할 때에 두렵고 고독했던 것도 사실이지만, 언제나 많은 사람들의 도움, 격려, 지원, 연대, 동료의식 속에서 지치고 힘들 때마다 다시 일어설 수 있었습니다.

삶은 본질적으로 단독성과 유일성에서 출발합니다. 나와 똑같은 사람은 세상에 나 혼자밖에는 존재하지 않습니다. 과거에도 나는 전혀 없었고, 미래에도 나는 전혀 없을 것입니다. 그만큼 소중하고 가치 있지만, 또한 그만큼 외롭고 고독합니다. 그리고 자기 삶은 자기의 주체적 결단의 산물입니다. 그러나 그런 나와 똑같이 소중하고 고독한 단독자들이 세상에는 수없이 많습니다. 즉 삶의 복수성複數性입니다. 수많은 단독자들이 복수로 함께 사는 것이 삶이고 세계입니다. 그렇다면 단독자들끼리 만나지 않고는 삶은 존재할 수 없습니다. 제가 움직이고 행동하는 한 저는 한순간도 혼자가 아니었습니다. 제가 움직이는 한 언제 어디서나 도움받고 위로받고 격려받고 연대할 수 있는 사람들이 있었고, 바로 그 사실 자체로부터 더욱 위로받고 더욱 힘을 얻었습니다.

내가 움직이지 않고, 내가 활동 공간으로 나를 내밀지 않으면 나는 늘 홀로이고 힘들고 외롭습니다. 그러나 한 걸음만 내딛고 한번만 옆을 보고 한번만 손길을 내밀면 내 옆에는 언제나 나와 같은 고독과 고통을 느끼는 사람들이 있고, 나를 위로하고 격려할 사람도 있으며, 나를 사랑하고 나와 함께 같은 길을 갈 사람도 많습니다. 나보다 더 큰 고통과 슬픔, 더 한 외로움에 빠져 있는 사람들도 부지기수입니다. 우리가 서로 사랑하고 연대해야 할 가장 중요한 이유입니다. 또 삶이 사랑이고 연대인 본질적인 이유입니다. 홀로 있을 때가 아니라 함께 할 때, 비로소 자유와 우애, 사랑과 연대가 같이 가게 되는 가장 깊은 연유이기도 합니다. 조금 놀랍지만 '자유'freedom와 '우애'·'사랑'friend, '안전'safety과 '연대'solidity의 말뜻의 출발과 형성이 동일한 이유도 여기에 있지 않나 싶습니다. 인간은 가까울수록 자유롭고, 연대할수록 안전합니다. 그 반대 역시 당연합니다. 놀랍지 않습니까? 우린, 힘들수록 함께 가면 됩니다.

세계 시민의 보편적 가치

인디고 | 이번 사건과 같은 국가적 차원의 구조적 문제가 전 세계에서 동시다발적으로 일어나고 있습니다. 승자 독식의 자본주의 세계 체계 안에서 말할 수 없는 자들로 배제되어 왔던 젊은이들이 함께 묻고 답을 찾

2부 절망의 시대, 희망의 길을 묻다

아 나갔으면 하는 중요한 물음이 있나요? 우리 사회를 이끌어갈 수 있는 비전, 도덕적 잣대가 되어줄 공준, 그리고 시대의 암흑을 뚫고 나갈 보편적 가치에 대해 늘 요청해오셨는데, **세계 시민적 차원에서 과연 새로운 시대를 열어갈 보편적 가치와 비전은 무엇**일 수 있을까요?

박명림 │ 지금 물음에는 누구도 명쾌한 답을 주기는 어려울 것 같군요. 공부가 부족한 저는 더 말할 필요도 없습니다. 왜냐하면 지금 인류가 직면하고 있는 문제는 이전에는 같은 방식으로 존재한 적이 없던 문제이기 때문입니다. 이렇게 말하는 까닭은 온 지구가 세계화된 것은 세계 역사에서 지금이 처음이기 때문에, 지금 드러나는 세계 문제들은 대부분이 과거와는 다른 새로운 해법을 기다리고 있는 것이 사실입니다. 세계 전환적 국면에서 그동안 말할 수 없던 젊은이들은 무엇을 해야 할까요? 무엇보다도 먼저 세계 변화의 핵심을 깨달아야 할 것 같습니다.

그런 점을 전제로 저는 몇 개의 세계 시민적 긴급 요청사항을 말씀드릴 수 있을 것 같아요. 서로 밀접히 연결된 인간 평등의 문제와 국가의 역할 회복 문제입니다. 인류 역사상 세계의 모든 개인들이 지금처럼 불평등했던 적은 없습니다. 과거의 불평등은 대부분 진영 간, 국가 간, 성^{gender} 간, 계층 간, 집단 간, 신분 간, 세대 간 불평등이어서 일정한 집합적 전체적 해결의 방향성을 갖고 있었습니다. 집합적 · 전체적 문제 제기도 가능했구요. 어쨌든 전체 차원의 문제 접근이 가능했습니다.

가까운 예로 냉전시대에 가난한 나라들은, 미소 대결의 와중에 서로 해당 국가를 차지하려는 미소 경쟁으로 인해 미국과 소련의 상당한 원조를 받을 수 있었습니다. 그러나 냉전 해체 이후 진영 간 경쟁이 사라지며 해당 국가를 자기 진영으로 묶어둘 필요가 없어지자, 빈곤 국가들은 방치되면서 더욱 빈곤한 상황으로 내몰리고 있습니다. 외려 선진자본주의 국가들의 원료 공급지로 전락하며 빈곤의 세계 구조화와 항구화가 진행되고 있습니다. 또한 자본주의와 사회주의의 대결 시기에는 노동 계급들이 급진적 투쟁과 사회주의 지향으로 나아가는 것을 막기 위해 모든 국가들이 분배를 포함한 노동 계급의 요구를 일정 정도 들어줄 수밖에 없었습니다. 냉전이라는 세계 대결이 빈곤 국가와 하층 계급에게 제공한 의도하지 않은 최소 효과였지요.

그러나 세계화 이후의 불평등은, 국가 내, 집단 내, 성 내, 계층 내, 세대 내의 '개인 간' 불평등으로 전이하고 있습니다. 즉 무너진 것은 세계 질서인데도 불구하고, 후자—국가 내, 집단 내, 성 내, 계층 내, 세대 내의 '개인 간' 불평등—가 전자—국가 간, 성 간, 계층 간, 집단 간, 신분 간, 세대 간 불평등—보다 훨씬 더 커지고 있다는 점입니다. 모든 나라에서 부자와 빈자의 개인 차이가 너무나도 커지면서, 수많은 사람들이 인간으로서의 독립적 실존 자체를 위협받고 있는 것입니다. 이토록 경제와 문명이 발전한 상태에서 이토록 많은 사람들이 굶어 죽는 현실을 세계는 어떻게 설명해야 합니까? 지금 우린 대체 무엇을 세계화한 것입니까?

어떻게 이런 일이 가능했을까요? 국가가 국민을 동원할 필요성이 현저히 줄어들면서 시민, 국민, 인민, 민족, 집단, 계층의 범주에서 탈락하고 버려지고 있는 하나하나의 개별 인간들이 세계 도처에서 폭증하게 된 것입니다. 일련의 탈근대주의자들은, 근대가 갖는 해방성과 억압성

중에 전자를 너무 경시했음이 틀림없습니다. 세계화, 지구화, 지역화는 인간의 개체화 및 각자도생화, 원자화, 자영화와 병행하였던 것입니다. 국가 대신 자본·금융·시장·기업이 세계화의 전위로 나서고, 세계화의 이익을 독점하면서 세계 수준의 사사화가 전면적으로 진행된 결과이지요.

그리하여 세계의 많은 나라에서 사람들은 '국가의 독재'를 벗어나자마자 '시장에의 예종'에 놓여 있게 된 것입니다. 국가의 독재에 대한 저항이 집합적 국민이나 시민으로서 가능하였다면, 시장의 억압에 대한 저항은 원자화되고 파편화된 개인과 노동자로서 감당해야 한다는 점에 결정적인 차이가 놓여 있습니다. 문제는 여기에서 국가가 효율성과 경쟁력 담론에 입각하여 주로 개인보다는 기업 편을 든다는 사실입니다. 노동자로서의 조직화 또한 점점 낮아지고 있습니다. 한국을 포함한 몇몇 신자유주의 국가들에게서 급증하고 있는 비정규직이라는 것은 사실, 기업과 개인이 계약 관계조차 일방적으로 전자의 관점에서 맺는, 최소한의 근대적인 안정적 계약 관계조차 파괴하고 있는 가장 극단적인 폭력의 하나라고 할 수 있습니다.

국가를 발전시키겠다고 하면서 주요 국가들이 자본·금융·시장·기업에게 세계화의 주도권을 넘겨준 결과가 지금 온 세계에서 국가와 공공성, 삶의 안정성과 평등성의 급속한 동시 후퇴와 파괴로 나타나고 있는 것이지요. 이제 경제적 이익이 보장되지 않으면 특정 국가가 금융과 기업을 규제하면서 보편적인 인간 가치를 기준으로 국제적 희생을 감당한다는 것은 상상하기 어렵습니다. 그러는 사이 기업과 금융은 점점 더 무소불위의 전 지구적 행위자가 되었습니다. 지구촌의 급격한 환경 파괴와 이상 기후, 자원 배분 왜곡도 기업과 금융의 세계 패권 장악과 깊이 연관되어 있습니다.

세계화 이후 자본주의와 시장경제의 체제 유형 또한 급속하게 분화하여 단일하지가 않습니다. 영미형, 북유럽형, 스칸디나비아형, 대륙형, 남유럽형, 동아시아형, 남미형 등 여러 갈래로 갈라지고 있습니다. 그들 사이에도 상당한 분화와 차이가 나타나고 있고, 저는 바로 이 분화에서 하나의 가능성을 발견합니다. 즉 국가의 역할에 따라 세계화에 대한 대응이 나라별로 달라질 수 있다는 것입니다. 세계화는 결코 단일한 압력이 아니라는 점입니다. 국가의 일정한 역할 속에 세계화와 지구화의 파도를 견제한 나라들은 평등과 경쟁, 복지와 성장을 함께 구가하는 모습을 보여주고 있다는 점입니다.

대략 스칸디나비아형과 북구형을 주로 여기에 해당하는 유형으로 분류합니다. 그리고 그들은 내부 차원에서도 나눔과 평등에 익숙하지만, 국제 차원에서도 국민 일인당 가장 많은 해외 원조(공적 개발 원조. ODA) 수치를 보여주는 나눔 지표를 기록하고 있다는 점입니다. 안에서 나누는 나라들이 밖으로도 나누는 것이지요. 영미형과 동아시아형에서 나타나는 신자유주의 일변 국가들이 기업 경쟁력 강화와 국내 불평등을 결합하면서 달려나간 경로와는 크게 다른 유형이지요. 저는 현재로서는 일단 스칸디나비아형이나 북유럽형에서 나타나는 정도의 사회국가를 추구하는 것이 우리 앞에 놓여 있는 선택 가능한 대안이라고 생각합니다.

그러니까 세계의 청년들은 우선은 시장에서의 인간 평등과 자유를 위해 각자의 나라에서 자기 국가의 바른 역할 회복과 공공성을 바로 세우는 노력을 먼저 전개할 필요가 있습니다. 투표, 저항 운동, 시위, 시민 단체, 공직 출마를 포함해 자기 나라의 공공 의제와 정치에 적극적으로 참여할 필요가 있습니다. 인권 유린과 아동 노동력 착취를 포함한 개별 나라에서의 기업의 횡포에 대해서도 공동으로 대처할 필요가 있습니다. 그러고 나서 보편적 인권 문제나 환경 문제 등에 대해 사안별 연대를 전개할 수 있을 것입니다. 이를테면 21세기 초 두 세계의 중요한 인권 문제요 환경 문제인 위안부 문제나 팔레스타인 문제, 시리아 사태, 핵발전소 문제 등이 여기에 해당되겠지요.

결국 세계 시민적 차원에서 새로운 시대를 열어갈 보편적 가치와 비전이 있다면 제 생각에 그것은 '냉전 시대'의 '이념' 중심, '세계화 시대'의 '시장' 중심 시대를 경험한 지금 시점에서 다시금 어떻게 '세계화 이후$^{post\text{-}globlization}$ 시대'에 '인간' 중심 사회를 만들어가느냐의 문제라고 봅니다. 그리고 그 '인간 중심 공동체'는 세계와 개인, 세계화와 개체화 사이의 공통의 접점을 형성하는 문제라고 봅니다. 그것은 위로부터는 기업과 시장에 의해 급격하게 위축된 국가와 정치의 역할 회복을 한편으로 하고, 아래로부터는 삶의 현장에서 파편화된 개인들의 공화적 조직화를 다른 한편으로 합니다.

지금 여기 내 주변의 최소 만남의 단위들을 자유와 평등의 공화국의 원리가 발현되는 인간 공동체/공화국으로 만들어가는 것입니다. 나와 이웃의 관계가 이 모든 단계의 공화국들의 출발점이자 '최초 공화국' 자체인 것입니다. 그러할 때 우리는 비로소 내 삶의 가장 기초적인 단위의 공화국부터 출발해서, 즉 리^里 · 동^洞공화국 → 읍^邑공화국 · 면^面 공화국 → 군^郡공화국 → 도^道공화국 → 국가^{國家}공화국^{state republic}으로 나아가는 이상적 경로를 구성할 수 있을 것입니다. 그 이후, 세계단일공화국은 또 하나의 억압체로서 사실상 불가능하니까 좀 더 느슨한 형태의 세계연방이나 세계주권국가연합 정도를 상정할 수 있을 것입니다. 지금 단계에서는 이 정도의 비전이 세계화가 온갖 반인간적 문제를 야기하고 있는 이 시대에 우리가 세계화 이후 시대를 꿈꾸면서 상상해볼 수 있는 하나의 가능한 경로가 아닐까 싶습니다. 이것은 사실 새로운 것이 전혀 아닙니다. 오래전 동양의 노자와 서양 그리스의 고대 사상가들로부터 시작해서 근대와 현대의 제퍼슨, 간디, 아렌트에 이르기까지 깊이 통찰하였던 공동체 구성의 근본적인 원리는, 바로 '공화국'은 가장 낮은 나와 내 마을로부터 시작한다는 비전입니다.

그러나 이 모든 비전들은 사실 인간이 서로를 자기와 동일하게 대우하는 목적을 향해 존재해야 합니다. 인간 중심은 곧 인간 존엄과 인간 존중 사회를 말합니다. 그런데 저는 여기에서 인간 존엄과 인간 존중에 대한 한국 사회의 기존 담론에 대해 심각한 문제를 제기하고자 합니다. 세월호 참사 이후 많은 지식인과 언론들이 인간 존엄과 생명 존중에 대해 말하면서 인간의 높은 도덕적 가치와 고결한 존엄에 대해 언급하곤 하였습니다. 그러나 그것은 단지 교과서에 나오는 정언명제일 뿐 우리들 각자의 행동과 실천 영역의 실질적 준칙들은 전혀 아닙니다. 인간 실존의 영역에서 우리는 서로를 지배하고 상처 주고 견제하기에 바쁩니다.

여기에 심각한 문제가 존재합니다. 본래 존엄^{dignity}은 (인간에게) '알맞은', '적절한' 뜻이라는 말입니다.[dignus] 이 말은 다시 원래 (인간으로) '받아들인다', '인정한다'는 말에서 나왔습니다. 따라서 존엄은 특별히 인간을 높여서 대우한다는 뜻이 아닙니다. 인간 누구에게나, 신도 아니고 동물도 아닌, 나와 똑같은 인간으로서 대우하는 게 곧 인간 존엄인 것입니다. 그것은 또 그 사람을 있는 그대로 인간으로 인정하고 받아들인다는 뜻입니다. 인간 존엄은 결국 궁극적인 '인간 평등'의 가치이자 '모두 주체(성)'의 철학이 아닐 수 없습니다. 모두가 평등하기 때문에 당연히 모두가 자유로운 주체입니다. 저는 참된 인간 존엄에 바탕한 자유와 평등, 그리고 모두 주체성, 이것이 21세기의 지구공동체 비전의 고갱이가 되었으면 좋겠습니다. 이제 세계는 인간의 죽음과 실종과 차별이 만연한 이 시대에 인간 존엄의 참뜻을 다시 살려낼 필요가 있습니다.

인간적인 국가를 향한 소망

인디고 | 세월호 참사 이후 유가족과 정당들에 의해 **'세월호 특별법'** 입안이 추진되고 있습니다. 하지만 그 과정에서 여러 가지 이해가 상충되는 사안들에 대해 문제점들이 제기되고 있는데요. 그 세부적인 문제들은 차치하고서라도 이번 세월호 참사가 던져준 근본적 물음에 대한 응답을 제도적·법률적 실천으로 이어나가는 것은 중요하다고 봅니다. 결국 우리 삶에 구체적인 틀을 부여하는 것이 그러한 제도와 법률이기 때문입니다.

이러한 맥락에서, 선생님께서는 오랫동안 헌법 개정 운동을 진행해오고 계시다고 들었습니다. 헌법은 한 국가의 가장 중요한 목적과 가치, 그리고 그를 보장하기 위한 제도적 테두리를 성문화한 최고 법으로서, 한 사회의 정체성을 규정하는 것이라고 볼 수 있는데요. 이번 세월호 참사를 계기로 우리 사회에 근본적인 변화가 요청되고 있는 만큼, 선생님께서 생각하시는 **바람직한 헌법의 변화 방향과 구체적인 모습**이 궁금합니다.

박명림 | 너무 큰 질문이라서 어떻게 압축적으로 답변할 수 있을지 걱정입니다. 우선 인간들은 매우 나약하고 자주 오류에 빠질 수밖에 없는 존재입니다. 우리가 반드시 제도를 만들어야 하는 이유이지요. '제도'는 인간들의 오류를 줄이기 위해, '일정한 틀을 만들어 들어간다/들어가게 한다'는 뜻입니다. 법을 포함해 누구든지 제도의 구속을 받아야 하는 이유입니다. 사실 인류의 역사는 앞선 제도의 오류를 교정하여 인간들의 삶을 좀 더 안전하고 좀 더 자유롭게 구가하기 위한 제도의 끊임없는 발전과정을 의미하기도 합니다.

세월호 이후 이 사건의 영향을 반영하는 제도와 법률을 창안하기 위한 한국 사회의 대처를 보면, 우리가 정말 이 참사로부터 깊이 배운 것이 있는가, 깨달은 것이 조금이라도 있는가 하고 묻지 않을 수 없는 상황입니다. 저는 가장 강한 어조로 정부와 검찰, 의회와 정당들의 대처를 비판하고 싶습니다. 정부와 검찰은 대체 지금 무엇을 하고 있는 것입니까? 정부의 누구를 증인으로 세우지 않는 문제가, 정녕 이 사태의 참 원인을 규명하여 유사 참사의 재발을 방지하는 문제보다 더 중요한 것인가요?

세월호 수사 과정에서 드러났듯, 무능하고 편파적인 검찰 개혁을 위해 기소권 독점을 포함한 사법 체계의 근본 개혁이 필수적임에도 불구하고, 잘못된 사법 체계의 안정이 진실 규명과 책임자 처벌보다 더 중요한 것인가요? 유족들이 요구하지도 않은 사항을 갖고 공격하여 자식을 잃은 부모들의 가슴에 다시 못을 박는 잔인한 언사가 과연 같은 인간으로서 쉽게 할 수 있는 행태인가요?

제가 오랫동안 헌법 개혁 운동을 해온 이유는, 제도의 핵심인 현재의 헌법 체제로는 인간들의 오류와 갈등을 줄여 인간 문제의 해결 능력을 고양하려는 본래의 제도적·헌법적 목적을 달성할 수 없었기 때문입니다. 이것은 단순한 헌법학과 정치학의 이론과 지식의 문제를 넘어, 한국의 헌법 현실과 정치 현실에 대한 저의 오랜 정밀 관찰과 현행 헌법 하의 대통령들과의 반복적인 면담을 통해 도출한 결론이었습니다. 현행 헌법 하에서는 품격 높은 국가 건설은 고사하고, 인간 오류는 반복되고, 집권자와 공직자의 (권력과 부패를 향한) 욕망은 통제되기 어려우며, 사회 갈등은 더욱 증폭되고, 문제 해결은 난망합니다. (이 문제는 머지않아 제가 제 헌법 초안과 헌법 개혁 관련 서적을 출간할 때에 상세하게 의견을 개진할 기회가 있을 줄 압니다.)

'헌법'은 (제도를) '함께 세운다'$^{(constituere=com[with/together], + statuere[to set/establish/stand])}$는 뜻을 갖습니다. 체제의 근본 틀은 처음부터 인간들의 공통의 의견과 공동 참여를 통해 설립되어야 한다는 뜻을 담고 있는 것이지요. 여기에는 동시대 인간들의 공동 참여뿐만 아니라 그 헌법 아래에서 살아갈 미래 세대의 의견도 공동 반영된다는 의미를 담습니다. 헌법이 갖는 현재성과 미래성의 혼합적 성격을 말합니다. 헌법은 제정 당시 세대의 의견만 반영되는 불변의 정전이 아니라 계속 '구성된다'는 의미입니다. 상당히 중요한 의미지요. 즉 '함께 세우기' 때문에 '헌법 · 근본법'과 동시에 '구성 · 설립'의 뜻을 동시에 갖습니다.

1987년 헌법 체제는 인간들의 오류와 갈등을 줄이기에는 턱없이 부족한 틀입니다. 헌법을 바꾼다고 모든 문제가 일거에 해결되는 것은 아닙니다. 그러나 한 나라의 근본법인 헌법의 변경은 국가 체제의 근본 틀을 바꾸는 결정적인 출발일 수 있습니다. 과연 지금 우리 사회가 치르고 있는 이 혹독한 대가를 계속 지불하면서까지 이 헌법 체제를 지속해야 할 이유가 있을까요? 저는 없다고 봅니다.

제가 추구하는 헌법 개혁의 정신과 원칙을 큰 틀만 말씀드려야 할 것 같습니다. 헌법 정신과 헌법 원칙이랄 수 있겠지요. 이미 헌법 초안 자체를 다 완성해놓았지만, 내용까지 자세히 말씀드릴 시간은 없을 것 같군요.

우선 저는 생명국가 · 생명헌법의 원칙을 분명히 하고 있습니다. 다른 어떤 것에 우선하는 생명(권)과 인간 안전 보장은 제 헌법 초안의 제일원리, 제일원칙입니다.

두 번째는 자유와 인권 제일의 헌법입니다. 포괄적 자유와 인권 불가침의 보장 원칙을 확고히 하고 있습니다. 이때 자유는 경제의 자유경쟁의 원리를 포함합니다.

세 번째는 만인 평등과 최소 복지를 확고히 보장하는 사회국가의 원칙입니다. 모든 인간은 동일하게 평등합니다. 따라서 인간 생존의 필수 요소는 국가에 의해 동등하게 제공되어야 합니다. 임시정부 헌법과 건국

헌법을 거쳐 계속 추구되던 형평성 보장의 사회국가 원칙은 양보할 수 없는 21세기 헌법의 근간이 되어야 합니다.

넷째는 법치와 권력 분립을 철저히 보장하는 민주헌법입니다. 새 헌법에서는 어떤 공공 직위도 법의 지배 아래 놓이며, 권력 구조는 이미 죽은 입법-행정-사법의 기존의 3권 분립 체제를 넘어 국민부(또는 감독부)를 하나 더 신설하는 4권 분립 체제가 됩니다. 그리하여 상호 견제와 국민 감시를 철저하게 보장하는 이상적 민주국가를 지향합니다.

다섯째는 분권·자치·연대국가의 구성입니다. 광역 지방 자치 단체는 지방 정부의 지위를 부여받는 등 최하 기초 생활 단위부터 최고 중앙 정부까지가 일관된 공화주의와 보충성의 원칙—낮은 단위가 행사하지 못하는 권능을 높은 단위는 다만 보충해주는 지방자치와 공화주의의 한 원리—위에 구축되는 공화국을 추구합니다. 현재의 지방 자치 조항은 대폭 확대됩니다.

여섯째는 평화국가의 원칙입니다. 이 원칙은 소극적인 전쟁 반대를 넘어 한국이 한반도와 동아시아 및 세계 평화에 기여하는 적극적 평화의 추구를 담습니다. (평화 국가의 원칙은 2003년 한국전쟁 종전 50주년을 맞아 제가 작성하여 발표한 '한반도 평화 협정 초안'과 밀접한 관련을 갖습니다. 당시 저의 평화 협정은 부족하지만 정부와 민간을 통틀어 한국전쟁 종전 이후 세계에서 처음 제출되는 것이라서 적지 않은 토론과 논의의 대상이 된 바 있습니다.)

일곱째는 생태국가·생태헌법의 원칙입니다. 이제 환경과 생태보호는 우리와 미래를 위해 개발 못지않게 중요한 과제가 되었습니다. 따라서 개발과 환경의 선순환은 피할 수 없는 과제입니다.

그런데 헌법의 제정과 개정은, 단순한 조문 설정 이상의 의미를 담습니다. 즉 사회적 필요와 요구를 어떻게 헌법과 제도로 전환할 것인지, 그 계기와 방법이 너무나도 중요합니다. '사회'·'운동'·'시민' 차원에서 존재하는 인간 의지를 어떻게 '제도'·'헌법'·'국가'로 변환시킬 것이냐 하는 문제입니다. 이른바 '사회적 국면'에서 '제도적 국면'으로, '운동적/혁명적 국면'에서 '헌법적 국면'으로, '시민적 국면'에서 '국가적 국면'으로 바꾸어갈 지혜와 덕성을 말합니다. 여기에서 우리에게 필요한 것이 바로 예술의 수준에 가까운 대화와 타협의 능력이 아닐까 싶습니다.

이 지혜와 덕성을 어떻게 함양할 것인가 하는 문제는 좋은 나라, 좋은 제도, 좋은 국가를 만들 위해 고투했었던, 자기 세대의 비극과 고난을 딛고 후대를 위해 빛나는 법률과 제도와 체제를 만들었던 선조들의 가장 깊고 가장 오랜 고민이었습니다. 인간국가를 향한 소망을 말합니다. 저는 이 소망을 청년들과 함께 나누고, 함께 꿈꾸고 싶습니다. 그리하여 우리와, 여러분과, 여러분의 자녀들에게 기필코 좋은 나라를 물려주고 싶습니다. 그것이 인디고와의 이 긴 대담을 하면서 가졌던 저의 가장 뜨거운 소망이었음을 고백합니다. 미안하고 고맙습니다.

2

살아남은 자의 의무,
희망

· 한홍구 선생님 인터뷰 ·

사람들이 물에 잠겨 죽어가는 것을 눈앞에서 보고도 국가가 속수무책으로 단 한 명도 구해내지 못한 세월호 참사는 지켜보고 있던 국민 모두에게 큰 충격을 안겨주었습니다. 특히 무엇과도 바꿀 수 없는 수백 명의 소중한 생명이 경각에 달려 있는 급박한 상황에서 할 수 있는 모든 적합한 수단을 동원해 신속히 대응하지 않았던 정부와 관련 부처들의 모습은 무능을 넘어 국민들의 생명에 대한 무관심으로 느껴질 정도였습니다. 그런데 지난 역사를 돌아보면 국민의 생명과 안전에 대한 국가의 이러한 무관심, 혹은 조직된 폭력이라고 표현할 수 있을 만큼의 방치는 새로운 것이 아님을 알려줍니다. 용산 참사와 쌍용자동차 해고 사태로 인한 죽음들, 4대강 사업으로 인한 국토의 파괴, 그리고 지금 여전히 분쟁 상태에 있는 밀양 송전탑 문제까지 멀리 가지 않더라도 최근 몇 년간 자행된 국가권력에 의한, 혹은 국가권력의 암묵적 동조와 협력을 바탕으로 한 자본권력이 자행한 죽음을 불러온 폭력들은 셀 수 없이 많습니다.

따라서 우리가 이번 세월호 참사를 계기로 진정한 변화를 이루어내려면 국가 안전망에 대해 재검토 수준의 표면적인 접근이 아닌, 이러한 폭력적 죽음이 반복적으로 일으킬 수밖에 없는 구조적 부조리를 명확하게 밝혀내고 근본적인 변화를 위한 노력을 이어나가는 것이 필요합니다. 이런 의미에서 역사학자 한홍구 선생님은 국가라는 구성체가 지닌 폭력적 구조의 역사를 특히 한국 근·현대사의 경험을 통해 분석하고, 그를 바탕으로 우리 사회에 평화와 민주주의의 실현 가능성을 지속적으로 모색해 왔습니다. 우리는 그런 선생님을 만나 우리가 지금 마주한 국가적 폭력의 역사적 기원에 대하여, 그리고 어떻게 그러한 거대한 국가 권력에 비해 한없이 약하게 느껴지는 우리가 새로운 변화를 희망할 수 있을지 물음을 던졌습니다.

한홍구 선생님을 만난 것은 우리나라에서 처음으로 자신이 원폭피해자 2세임을 선언하고, 자신과 같은 원폭2세 환우들의 인권을 위해 싸우다 돌아가신 고故 김형률 열사의 9주기 추모식에서였습니다. 김형률추모사업회의 회장을 맡고 있기도 한 한홍구 선생님은 추모사에서 세월호 참사를 언급하시며, 우리가 핵발전의 위험성을 무시한 채로 지금과 같이 효율과 발전에 눈이 멀어 살아간다면, 세월호 참사도 다가올 더 큰 재앙의 전초일 뿐이라고 말씀하셨습니다. 또한 소수 지배 세력의 폭압 속에서도 끈질기게 정의를 향한 저항과 실천의 명맥을 이어온 우리 역사의 흐름을 증언해 주시는 말씀 속에서, 지금 여기에 살고 있는 역사적 주체로서 우리는 무엇을 해야 하고 또 할 수 있을 것인가에 대해 성찰할 수 있었습니다.

새로운 세대와 세월호 세대

인디고 | 먼저 저희 프로젝트에 대해 소개해드리겠습니다. 지금 저희가 진행하는 프로젝트의 주제는 **'새로운 세대의 탄생'**입니다. 새로운 세대라는 것을 상정한 이유가 먼저 한국사적 맥락에서 보았을 때 소위 말하는 민주화 운동을 한 세대 이후에 새로운 변화의 주체가 필요하다는 물음이 있었습니다. 또한 굳이 나이로 세대를 구분하지 않더라도 동시대인들 중에 지금 시대에 필요한 새로운 변화를 함께 꿈꿀 수 있는 사람이라면 모두 새로운 세대가 될 수 있으며, 그렇다면 그것은 과연 어떤 모습일지 선생님과 같은 분들과 물음을 주고받으며 모색해 나가고자 하는 프로젝트입니다.

한홍구 | 지금 '새로운 세대'라는 말이 제 귀에는 '세월호 세대'로 들렸어요. 그런 말을 써도 되는지 모르겠지만요. 세월호 세대가 이번에 사고를 당한 그 아이들 세대만 말하는 게 아니에요. 그 아이들보다 어린 지금 중·고등학생부터 그들의 부모까지 포함해야 할 겁니다. 한국전쟁이 세대에 걸친 것처럼 말이죠. 휴전이 된 지 60년이 지났다고 하지만 그때 전

쟁을 겪었던 아이들이 나이가 들어서도 그 기억 위에 살기 때문에 지금 한국 사회는 70년 동안의 냉전 문화를 갖고 있는 거지요.

그런 관점에서 본다면 1987년 6월 항쟁이나 2008년 촛불시위도 어마어마했지만 그 영향력이 제한적이었던 거예요. 그에 비해 해방 이후 한국사에서 세대를 초월해서 깊고 장기적인 영향을 끼친 사건이 한국전쟁과 30년 후에 일어난 광주민주화운동입니다. 광주민주화운동은 4·19혁명과는 또 다릅니다. 4·19혁명의 영향력은 그렇게 깊이 우리 세대를 변화시키지 못했는데 광주는 아주 깊었어요. 그런데 그 이후에 6월 항쟁, IMF 사태, 촛불시위도 있었지만 이번 세월호 참사만큼 깊이 있는 변화를 가져오지는 않았던 것 같습니다. 사람들에게 2002 월드컵은 기쁨이었고 축제였고 환희였죠. 촛불도 그랬고 6월 항쟁도 그랬습니다. 그런 사건들이 역사적으로 물론 중요한 사건이지만, 우리 스스로를 돌아보게 하는 것은 우리에게 슬픔을 안겨주는 사건, 고통을 안겨주는 사건이었습니다. 슬픔은 안으로 스며들잖아요. 슬픔이 참 오래가거든요.

여러분의 주제처럼 저도 이제 이런 느낌이 들어요. '한 세대가 끝났다.' 광주민주화운동에서 충격을 받고 광주를 내면화했던 세대, 노무현 전 대통령이 아마 그런 세대 중 맏형이었을 거예요. 아마 저랑 띠동갑 정도 될 건데, 제가 1980년에 대학교 3학년이었단 말이에요. 노무현 씨는 그런 저보다 조금 더 위에서 그 문제를 자기 문제로 받아들였던 세대였고요. 어느 세대나 그 세대를 강하게 규정짓는 사건들이 있습니다. 촛불세대에게 촛불을 기대했었지만 그만큼까지는 안 됐었는데요. 광주는 지금 청소년들에게는 매우 먼 사건이잖아요. 제가 한국전쟁을 느끼는 그런 느낌일 텐데. 저한테 한국전쟁보다도 여러분에게 광주가 훨씬 멀 거예요. 벌써 30년이 넘게 지났는데 저한테는 8·15광복이나 태평양전쟁만큼 떨어진 시간인 거예요. 그걸 어떻게 책임감을 느끼겠어요.

제가 역사를 전공한 사람이고 그중에서도 일제강점기를 전공한 사람인데 매일 책을 보고 공부를 한다고 해도 그건 제 시대가 아니란 말이에요. 지금 젊은이들이 광주를 못 느끼는 건 너무나 당연해요. 그래도 어느 세대든지 간에 적어도 역사에서 보면 30년 만에 한 번 엄청난 역사적 충격을 받고 그것에 의해서 내 삶이 규정되고 한 세대의 성격이 만들어집니다. 그리고 개인의 의사와 상관없이 그런 일들을 겪는단 말이에요. 그 정도의 규정성을 가진 사건이 무엇일까 생각해보면 6월 항쟁이 그 정도였을까? 그 정도까지는 아니었던 것 같아요. 사회를 근본적인 차원에서 내용의 구성까지 바꿔버리는 그런 사건, 거기까지는 미치지 못했단 말이죠. 그러니깐 민주주의가 이 모양입니다.

그렇지만 한국전쟁은 우리의 내면을 바꿨습니다. 물론 광주민주화운동도 사건이 일어난 지역은 제한적이지만 한국전쟁만큼 우리의 내면을 바꿨습니다. 이번 세월호 참사도 그럴 가능성이 있다고 생각해요. 그리고 거기서 충분한 변화를 끄집어내지 못하면 그게 세월호를 잊는 셈이 될 겁니다. 역사에서 보면 기회가 생각보다는 많이 오는데, 그 기회가 왔을 때 역사를 끌어올리는 거예요. 도약하는 한 시기가 있다는 거죠. 광주민주화운동 이후 한국 사회가 그랬고요. 우리 사회가 어마어마한 비극을 겪었지만, 그 비극이 아주 오래 지속되면서 광주 이전과 이후가 전혀 다른 한국이 되었던 것처럼, 세월호 참사의 충격을 어떻게 나의 것으로 만드느냐에 따라서 그 이전과 이후가 다른 세대가 될 수 있다는 거죠.

여러분이 새로운 세대의 탄생에 대해서 고민하고 찾고 있지만, 새로운 세대, 그건 상품화되어 10년마다 나왔었어요. 역사에서 보면 4·19 세대 있었고 6·3 세대, 삼선개헌 세대, 유신 세대, 민청학련 세대가 있었고 X 세대, 오렌지족, N세대 등등 무수히 많았어요. 하지만 그게 그 세대로서의 독자성을 지닐 만한 시대적인 사건이었느냐 하면, 그렇지 않다고 생각한단 말이죠. 전 그런 의미에서 진정하게 한국의 세대를 바꾼 사건은 한국전쟁이 있었고 광주가 있었고, 지금은 세월호가 그런 가능성을 지닌 사건이라고 봅니다.

광주를 살다, 세월호를 살다

인디고 | 저희는 한홍구 선생님을 한국의 저명한 진보적 역사학자로 만나 뵙고 있지만 동시에 저희와 같이 젊었던 시절부터 그 시대의 문제와 마주하며 한 번뿐인 삶을 어떻게 살아야 할까 고민해온 한 인간으로서 만나고 있는 것이기도 합니다. 선생님께서 역사를 공부하게 된 이유도 그런 청년 시절의 고민의 맥락에서 이루어진 선택이라는 생각이 드는데요. 아까 말씀하셨듯이 **5·18 광주민주화운동**이 저희에게는 멀게 느껴지는 면이 있지만 선생님은 대학교 3학년 때 그 사건이 일어났다고 하셨습니다. **그 사건은 선생님께 어떤 영향**을 미쳤나요?

한홍구 | 어찌 생각하면 저는 아직 광주를 살고 있다고 생각해요. 요즘 제가 대학생들이나 젊은 세대들에게 강연을 하면, 너무 많은 것을 요구하지 않아요. 광주민주화운동의 발단과 전개 등을 말하려면 몇 시간 동안 말할 수 있지만……. 글쎄, 사학과 현대사 전공하는 사람이 아니고서 그렇게까지 알 필요가 있을까 싶기도 해요. 다만 저는 광주에 대해서 젊은 세대들한테 말해주고 싶은 것이 한 가지가 있어요. 1980년 5월 26일 밤 10시쯤에 내가 광주에 있었다면 어떤 선택을 했겠는가. 광주를 느끼고 싶은 사람이라면 자기 자신에게 그 질문을 정직하게 던지면 돼요. 그런데 세월호 역시 우리에게 많은 물음들을 던지고 있죠. 어떤 위치에 있느냐에 따라 다르겠지만 만약 나였으면 매점에 있던 스물두 살 승무원처럼 행동할 수 있었을까? 선장은 그렇게 도망치는데, 그렇게 어린 학생들이 갇혀 있는 순간에 내가 거기 있었으면 나는 어떻게 했을까? 내가 선장이라면 어떻게 했을까? 이준석이랑 닮은꼴이었을까? 이처럼 세월호 참사를 잊지 않으려면 그런 질문을 자기에게 던져야 하는 것이죠.

광주가 가진 힘도 그거예요. 그 사람들은 왜 도청에 남았지? 이길 수 있는 싸움도 아닌데. 질 수밖에 없는 싸움은 피하는 게 맞는데. 그들은 과연 어떤 역사적인 책임을 지고 남았느냐. 누구도 강요하지는 않지만 스스로 결정을 해야 하는 그런 역사적 순간이 있는 거죠. 어느 시대나 살아가면서 한두 번쯤은 나의 의지와 상관없이 역사적이고 사회적인 구조적 변화에 의해 그런 선택을 강요받을 때가 있습니다. 생각해보면 이번 세월호 참사가 그런 것이죠. "이 사건이 왜 일어났나? 내가 그 자리에 있었다면 어떻게 했을까? 나는 이 사건에 어떤 책임이 있나?" 이렇게 같은 질문에 답해야 할 이유가 생긴 동시대인들이 형제가 된다 할까, 하나의 세대가 되는 거죠.

인디고 | 지난 시대들을 돌아보면 한국전쟁 이후로는 대다수 사회 구성원들이 공유하는 명확한 사회적 목표와 '악'이라고 부를 만한 타도해야 할 대상이 있었지 않습니까? 전쟁 이후에는 가난에서 벗어나야 한다. 독재 정권 때는 이 정권을 타도해야 한다. 그런데 이번 세월호 참사가 우리 시대의 모순을 총체적으로 드러내는 상징처럼 인식되고는 있지만, 사실 저희가 느끼기에 그 **근본적인 책임**이 어디 있는가는 명확하지 않은 것 같습니다. 이뿐만 아니라 세계 최고를 기록하는 청소년 자살률 통계가 대변해주듯, 우리 사회에 팽배한 삶의 고통이 분명 존재하는데도 사실 그 원인이 열심히 하지 않은 자신에게 있다는 식으로 치부되고 있는 실정입니다. 사실은 그게 아닌 것 같으면서도 **문제의 근원을 찾지 못해서 무기력한 상태에 지쳐가는 경우**가 많은 것 같아요.

한홍구 | 먼저 세월호 참사에 대해서 더 얘기하자면, 과거에는 이런 사건이 없었을까요? 이번 참사 이후로 안전 문제가 전면화되었어요. 도저히 일어나선 안 될 사고였는데, 이 사고의 원인을 거슬러 올라가 보니 기업에 대한 규제 완화와 노후 선박 수명 연장, 불법 개축 등의 문제가 있었습니다. 그래서 형님아우 하면서 소위 관피아들끼리 해먹는 그런 부패한 구조 속에서 적당히 봐주고 넘어가는 관행이 비판받고 있죠. 그런데 과연 과거 60, 70년대에는 이런 일이 없었을까요? 예컨대 세월호 참사는

그래도 민주화가 어느 정도 진행된 사회이기 때문에 사람들에게 다 알려졌어요. 과학과 통신이 발달해서 실시간 생방송으로 사건 관련 뉴스를 볼 수도 있죠. 눈앞에서 배가 가라앉고 있고 그 안에는 수백 명의 생명이 있는데 단 한 명도 구하지 못하는 그런 상황을 우리가 알고 있기라도 하잖아요. 그런데 이전에는 그렇지 못했어요.

예컨대 이번에 5·18 광주민주화운동 희생자 유가족들이 진도 팽목항에 아주 조심스럽게 다녀왔다고 해요. 그런데 당신들끼리 한 이야기가 세월호 유가족들이 부럽다는 것이었대요. 왜냐하면 널리 알려졌고 전 국민이 슬퍼하잖아요. 하지만 5·18은 그 실상이 알려지지 않았죠. 자기들끼리만 알고 희생자 가족은 폭도 가족들로 규정해버렸잖아요.

또 다른 예로 군대 문제하고도 비교해볼 수 있어요. 우리 역사에서 군대에서 몇 명이 목숨을 잃었을 것 같아요? 1950년대에는 휴전을 한 뒤에도 한 해에 2천 명 이상이 죽었어요. 세월호로 치면 일곱 번쯤 가라앉은 만큼의 숫자죠. 전쟁을 안 했는데도 그랬다는 거예요. 그것도 박정희 정권 시대에 좀 나아져서 1,500명 정도가 죽었죠, 근데 그게 한 명 한 명 죽어 가는 것이 공론화가 안 됐었잖아요. 그러니까 지금 문제가 되는 인명 경시가 오랜 역사를 가지고 있었던 거죠. 그게 이번 사건만 그런 것이 아니고, 여태까지 그래왔던 문제를 다 안고 일어난 거예요. 그래도 지금은 군대에서 그렇게 죽지는 않잖아요. 여전히 군대가 모순덩어리 기능을 안고 있긴 하지만, 우리가 그런 모순을 역사에서 겪어온 것이죠.

인디고 | 세월호 선원들이 승객들에게 "가만히 있으라"는 지시를 계속

전달했고, 학생들은 그 말을 잘 들어서 결국 죽고 말았습니다. 이것이 알려지자 청소년들은 더 이상 어른들 말을 그대로 듣지 않겠다는 목소리를 내고 있기도 한데요. 선생님 말씀에 따르면 이렇게 **"가만히 있으라"라는 명령으로 상징되는 우리 사회의 억압적인 구조가 이 시대만의 문제가 아니라 역사적으로 이어져 오는 문제**라는 생각이 듭니다. **그 기원에 대해서** 조금만 설명해주세요.

한홍구 | 이준석 선장이 승객들을 두고 도망가는 걸 보면 이승만 전 대통령이 도망간 거랑 비슷해요. 그게 우리 역사에서 이어지는 "가만히 있으라"는 명령이라고 할 수 있겠죠. 한국전쟁 때 처음 북한이 침입해 들어오자 당시 대통령이던 이승만은 한국군이 인민군을 이북으로 몰아가고 있으니 생업에 종사하라는 방송을 하면서 자신은 다 버리고 도망갔단 말이죠. 아니 이미 미리 도망가서 방송국에 전화를 걸어 녹음해서 방송을 내보낸 거지요. 그런데 이후에 그것에 대해 이승만이 사과했을까요? 사과 안 했어요. 일개 국장이 사과했어요. 국방부 정훈국장이 허위 방송에 대해 사과했을 뿐입니다.

이준석이 이번에 한 짓만 해도 기가 막힌데, 그런 이준석이 진도체육관이고 안산의 분향소에 와서 단원고 학생 유가족들에게 애들이 잘못해서 배가 가라앉았다고 윽박지르고 때리면 말이 돼요? 그런데 그런 일이 한국전쟁 때는 일어났어요. 다 버리고 도망간 사람이 석 달 만에 돌아왔어요. 사실 그랬으면 미안하다고 사과하고 인민군 지배하에서 얼마나 고생했냐고 살펴줘야 하는데, 그때 피난 안 간 너희들이 '빨갱이'라면서 부역죄로 죄다 처벌했어요. 이걸로 얼마나 죽었냐 하면, 대한민국 정부수립 이후 사형에 처해진 사람이 전부 919명이라고 하는데 대통령이 석 달간 도망갔다 돌아와서 사형시킨 사람이 훨씬 많아요. 거기다가 정식으로 재판을 해서 사형시킨 사람 말고 그냥 끌고 가서 학살한 사람도 부지기수예요.

일제강점기 36년 동안 우리 민족을 못살게 굴었던 친일파는 해방 이후에 몇 명이나 사형 당했을 것 같아요? 하나도 안 당했어요. 반민특위가 실패했잖아요. 그리고 그때 살아남은 사람들이 한국전쟁이 일어나자 다리 끊고 도망간 거죠. 그런데 그 사람들이 전쟁이 수습되고 다시 돌아와서 부역자를 처벌하는 역할을 했어요. 다리 끊고 도망갔던 놈들이 다시 돌아와 미처 도망가지 못했던 사람들을 부역죄로 몰아 처벌했던, 그게 우리나라 공안권력의 핵심입니다. 지금도 그런 공안권력이 버젓이 이 나라를 통치하고 있어요. 공안권력의 특징이 뭐예요? 그 밑에선 가만히 있어야 하는 거죠. 뭐라고 비판을 하면 공산당, 말 많으면 빨갱이고요. 떠도는 표현으로 '묻지마 다쳐'인 거죠. 그러니까 그런 분위기를 이어나가는 사람들이 누군가 뭐라고 정부에 비판적인 이야기를 하면 종북이다 좌파다 몰아가고, 심지어는 진도 체육관에까지 종북척결단을 끌고 나타나는 그런 세상이란 말이죠.

우리는 친일파 청산에 실패했다는 얘기를 하지만 그건 그냥 실패한 게 아니고 친일파, 민족반역자를 청산하자고 주장하던 민족적 양심을 가진 세력이 오히려 친일파에게 거꾸로 청산된 거죠. 백범을 암살한 그 자들이, 그 권력이 한국전쟁의 틈바구니에 다리 끊고 도망갔다 돌아와서 여기 서울 내에 남아 있었던 자유 시민들을 쥐 잡듯이 잡으면서 확립시킨 게 공안권력이고, 그 공안 권력에 형님, 동생, 처남, 매부 그렇게 다 퍼져나간 게 각종 마피아란 말이에요.

진실을 감당할 수 있는 지구력

인디고ㅣ 선생님 말씀을 들으니까 저희가 항상 역사적 지식으로만 들어왔던 것들이 생생하게 체감되는 것 같습니다. 또 어떤 면에서는 우리 세대가 참 좋은 역사적 가능성을 선배 세대들의 희생으로부터 물려받았다는 생각도 드네요. 또한 선생님께서 광주민주화운동에 대한 부채의식을 잊지 못하고 역사적 실천을 지속해 오셨듯이, 저희 세대는 이번 세월호 참사가 부과하는 사회적 책임으로부터 자유로울 수 없을 것 같다는 생각도 듭니다. 하지만 안타까운 것은 저희 안에서도 그만 이 고통스러운 기억을 잊어버리려는 무의식적인 작용도 분명히 존재한다는 것입니다. 이 문제를 이야기하는 것에 있어 단순히 슬퍼하고 명복을 비는 추모 이상으로 나아가려고 할 때, 즉 이렇게 된 구조적 문제를 따져 물으려 할 때 '묻지마 다쳐'와 같은 모종의 자기검열 같은 것이 우리 젊은 세대한테 작용한다고 할까요. 그럼에도 **저희 젊은 세대가 살아남은 자로서 마땅히 가져야 할 책임 의식을 잃지 않기 위해서** 선생님께서는 저희가 **이 사건을 어떻게 바라보고 기억**해야 한다고 생각하십니까?

한홍구 | 우선, 괴로운 기억에 대해 망각하려고 하는 것은 자연스러운 거예요. 사람은 다 도망가게 되어 있어요. 도덕적으로 그것 자체를 뭐라고 할 수는 없어요. 우리는 다 그러니까요. 구체적으로 예를 들자면 제가 아는 사람 중에 강용주라고, 지금 광주에서 트라우마 센터 소장을 맡고 있는 친구가 있어요. 그 친구는 지금 여러분보다 더 어린 나이에 광주의 시민군이었어요. 고3 때. 광주민주화운동 때 겨우 도망을 갔다가 대학으로 돌아왔죠. 그런데 대학 때 간첩 사건에 휘말렸어요. 그래서 아주 젊은 나이에 최장기수가 되었습니다. 소년 장기수가 되어서 16년간 징역살이를 하고 나와서 의사가 됐어요. 그러니까 의예과를 다니다가 감옥에 간 건데, 친구들은 교수를 하고 있을 때 이 사람은 복역 후 그 밑에서 배워서 의사가 된 거죠.

지금은 광주 트라우마 센터 소장을 하고 있는데, 이 친구가 고문을 많이 당했단 말이죠. 그러다가 국정원 과거사위에서 인권 침해 관련 조사를 할 때 그 친구 관련한 자료를 받고 아주 기가 막힌 것을 발견했어요. 전두환 전 대통령이 그 사건에 개입한 증거를 찾은 거죠. 그러니까 전두환의 지시가 있었기에 강용주가 무지무지하게 강도 높은 조사를 받았던 거예요. 강도가 높다는 것은 고문당했을 가능성이 있다는 거죠. 그런 조사를 받았다는 것을 확인하기 위해서 제가 그 친구를 불렀죠. 불러서 막 물어보니까 이 친구가 기억이 안 난다는 거예요. 그래서 제가 화를 냈어요. "야 인마, 네가 기억이 안 나면 어떻게 해" 이건 중요한 문제라고 했더니 강용주가 성질을 확 내는 거예요. "형, 내가 그게 기억이 안 나니까 살았지. 그걸 생생하게 기억한다면 내가 며칠이나 살 수 있겠어?"

어떻게 보면 당연한 건데 문제는 기억이라는 게 계속 따라다닌다는 겁니다. 그리고 불쑥불쑥 나타나고요. 여기서 망각은 굉장히 중요한 힐링 작용을 하는 거예요. 고통을 대면한다는 게 사실 얼마나 힘들어요. 그런데 사람이 살다보면 자신이 감당할 수 있을 만큼의 고통과는 정직하게 대면할 필요가 있는 거죠. 그리고 (제가 생각하기에) 인간적으로 성숙해진다는 것은, 이런 고문 같은 압도적인 상황은 별도이겠지만, 자기가 정직하게 대면해야 할 고통이나, 불편한 진실이나 이런 것들을 바라볼 수 있는 지구력을 키워나가는 작업이라고 생각합니다.

그래서 우리가 80년도에 집단적으로 성숙할 수 있었던 것이 광주의 힘이었어요. 광주를 잊고 싶었지만. 잊고 싶은데 잊을 수가 없는 거예요. 자꾸 '내가 저쪽에 남아 있는 사람이었으면 어땠을까' 하는 생각이 드는 겁니다. 저는 당연히 집에 갔을 거예요. 지식인이라는 게 뭔데요. 내가 저쪽에서 총을 들고 남아 있는 게 맞을까, 집에 가는 게 맞을까, 이런 물음을 던지면 내가 집에 가도 되는 이유 내지는 가야만 하는 이유, 가는 게 더 역사적으로 필요하다고 하는 이유를 1초에 6,872가지 만들어내는 게 지식인입니다. 저 같으면 어렸을 때부터 역사가 재미있었고 잘 할 거 같으니까 '이것을 기록하고 사람들에게 알려야지, 그러니까 나의 역할은 여기에 남는 게 아냐. 나는 남아서 개죽음 당하는 게 아니라 집에 가야 돼.' 이렇게 하고 저는 틀림없이 집에 갔을 거라고요.

그럼 제가 집에 간 다음에 해야 할 일이 무엇이냐? 거기 남는 놈도 있는데, 죽는 놈도 있는데, 그럼 몇십 년 후에 저도 죽어서 그들에게 갔을 때 그들이 "넌 어떻게 살았니? 너 그때 역사 남기겠다고 하고 집에 갔잖

아. 너 어떻게 살았니?"라고 물으면 그래도 "나 이렇게 했어"라고 할 수 있는 삶을 살아야지요. 즉, 적어도 자기가 감당할 수 있는 최대치를 어떻게 책임지느냐, 그리고 감당할 수 있는 그 영역을 어떻게 넓히느냐 하는 게 중요한 거죠. 저는 20대 때 훨씬 더 겁이 많았어요. 지금은 겁 없이 얘기를 할 수 있지만, 20대 때는 그만큼 진실을 담을 수 있는 그릇이 안 됐었던 거죠. 그런데 자꾸 마주서다 보니까 내가 힘들 때는 조금 쉬기도 하다가, 좀 원기가 회복되면, 오르막길 가다가 숨차면 주저앉아 쉬기도 하다가 그렇게 아직까지 포기하지 않고 가는 거죠.

인디고 | 그렇게 보면 선생님이 키워오신 지구력은 대단한 것 같습니다. 선생님은 또한 김형률추모사업회 회장을 맡고 있기도 한데요. 이런 다방면의 활동들도 그런 지구력으로 가능한 일이라는 생각이 듭니다. 그런데 **김형률 선생님**과는 어떻게 아신 건가요?

한홍구 | 글쎄 제가 '장' 자 들어가는 자리를 안 맡으려고 했는데, 여기는 어쩔 수 없이 회장을 맡게 됐어요. 김형률추모사업회 회장을 만 9년간 하고 있는 셈이지만 김형률 씨가 살아 있을 때 만난 건 아홉 달밖에 안돼요. 가족 말고 김형률 씨와 함께 활동하던 사람들을 보면 2002년 김형률 씨가 커밍아웃 할 때부터 함께한 사람들도 있지만, 저는 2004년에서야 처음 만났죠. 그리고 김형률 씨가 2005년 5월에 돌아가셨으니까 한 9개월 정도밖에는 만나지 못한 거죠. 하지만 그 기간 동안 만났던 김형률 씨의 애절한 눈빛, 애절한 호소 등을 기억합니다. 그리고 제가 역사를 공

부하고 평화 운동을 하는 입장에서 핵문제 같은 것도 정말 중요한데 원폭 문제에 대해서 굉장히 무지했다는 데 대한 반성과 미안함이 있어요.

저는 한 세대를 규정하고 역사를 이끌어 가는 힘 중 용기, 패기, 열정보다 부끄러움이 더 중요하다고 젊은이들에게 이야기하고 싶어요. 세월호에 탄 아이들이 저렇게 가라앉고 있을 때 나는 무엇을 했는가? 광주에서 도청에 마지막까지 남은 사람들 중 나 같은 대학 교수가 있었나, 유명한 기자가 있었나, 아니면 거기에 광주 시장, 구청장, 하다못해 동장이라도 있었나? 마지막 결정적인 순간에는 대학생들이 인구 비례만큼은 있었을 거예요. 하지만, 거기 남아 있었던 절대 다수의 사람들은 중국집 철가방, 가스 배달, 석유 배달, 구두닦이, 술집 웨이터, 삐끼, 이런 사람들이 많이 남은 거죠. 그런 사람들이 남았는데 나는 뭘 하고 있지? 그걸 극한으로 몰아가면 어떻게 돼요? 그럼 버티질 못하죠. 어떻게 살겠어요? 그렇지만 삶의 일관성이라는 게 있잖아요. 그런 고통 속에서도 잊지 않고, 내려놓지 않고, 내 목숨은 이만큼은 하겠다고 한 그것을 하고 있는 게 중요한 거라고 생각해요.

합리적 의문을 허하라

인디고 | 평화의 문제와 관련해서 핵문제도 깊이 고민해야 하는 중요한 문제라고 생각합니다. 지금 우리나라에도 30년 넘게 노후화된 고리 원전 1호기가 이미 130건 가량의 크고 작은 고장을 냈음에도 불구하고 그

수명을 연장하려 하고 있습니다. 핵문제는 최근 많은 논란이 되고 있지만 효율적인 에너지 수급의 관점에서, 또 해외에 수출도 할 수 있다고 하니까 국가적인 수익성의 관점에서 옹호하는 의견도 많아서 쉽게 폐기하기가 어려운 실정입니다. 사람들에게 **핵발전소의 위험성을 함께 얘기하고 설득하고자 할 때 가장 중요하게 공유해야 하는 사실적 정보**는 무엇이라고 생각합니까? 또 **그와 관련하여 우리가 견지해야 하는 윤리적 태도**는 어떤 것이 될 수 있을까요?

한홍구 | 윤리적 태도를 떠나서 저는 합리적인 의문을 품어보는 게 필요하다고 생각해요. 마피아들이 돈 벌려고 하는 이야기들에 대해 저 말이 맞는 말인가, 따져보는 것이죠. 그들이 자신의 기득권을 유지하기 위해서 만들어낸 몇 가지 거짓말이 핵에너지가 싸다, 안전하다, 청정에너지다, 하는 건데 다 거짓말입니다. 얼마나 위험하고, 얼마나 값비싸고, 얼마나 처리할 길 없는 오염물질을 만들어내요. 합리적인 의문을 해볼까요? 우리가 자동차를 보통 몇 년 탈까요? 사람마다 다르겠지만 보통 새 차 같으면 7~8년 타고, 중고차라 해도 15년 이상 타는 사람은 잘 없죠. 집에 냉장고나 에어컨은 몇 년 됐어요? TV는? 우리 주변에 37년 된 기계 쓰고 있는 사람 한번 찾아보세요. 컴퓨터는 몇 년마다 바꿔요? 4~5년이면 바꾸잖아요.

그런데 지금 원전을 30년 넘게 40년 쓰자는 얘기예요. 설계 수명이라는 게 있습니다. 자동차와 원전을 비교해보면 자동차가 훨씬 간단한 기계예요. 자동차하고 TV를 비교해보면 TV가 훨씬 간단한 기계죠? 기계

장치를 보면 기계마다 다 수명이 있는 건데 그것만 생각해봐도 너무 쉽게 알 수 있는 부분이죠. 그 다음에 단가가 싸다는 거? 사고가 났을 때 처리해야 하는 비용이라든가, 핵폐기물 처리해야 하는 비용을 생각해보면 결코 싼 게 아니죠. 그리고 일본이 오십 몇 개 있던 핵발전소를 다 멈췄는데 당장의 전력난이 생기거나 한 건 아닙니다.

우리가 시간을 갖고 얼마든지 해나갈 수 있어요. 그리고 만에 하나 사고가 났을 때 발생할 수 있는 치명적인 위험성을 생각한다면 당장 다 멈춰도 문제가 되진 않아요. 그것을 지금 자세히 설명하자면 길어지겠지만, 적어도 우리가 이번 일을 겪으면서 노후 발전소만큼은 수명 연장을 하지 말았으면 해요. 그리고 새로 짓지 말자. 그리고 지금 남은 발전소들은 짧게는 2~3년 남은 것에서부터 길게 남은 거는 30년 남았거든요. 그 사이에 탈핵의 방안을 찾아 나가려 하면 얼마든지 합리적인 방법이 나올 수 있어요. 그럼 탈핵을 하면 대안이 무엇이냐가 아니라 탈핵이 대안인 거예요. 탈핵을 확고한 방향으로 설정해놓고 그 속에서 가치를 찾아야 하는데, 핵마피아들은 핵발전소를 없애면 경제가 망한다, 밥 굶게 된다면서 자꾸 공포를 조장합니다. 실은 이건 저들이 얘기하는 전력난에 비하면 많은 사람들이 죽고 사는 문제인데, 이 문제가 왜 피부에 안 와 닿을까요? 그건 이 사고가 나면 나만 죽나? 그러니까 이것이 너무나 감당하기 힘든 사고이다 보니까 우리가 그냥 '안 날 거야' 하고 덮어버리는 거죠. 그런데 우리가 현실적으로 생각을 해야 합니다. 세월호 같은 사고는 누가 날 거라고 생각했습니까.

인디고 | 선생님 말씀을 들으니 사실 합리적 비판을 해보면 너무 당연한 결론인데도 그 **합리적 비판을 할 수 있는 여건 자체가 어려운 상황**인 것 같습니다.

한홍구 | 살다보면 역사적으로 피할 수 없는 중요한 계기가 되는 사건들이 생길 거예요. 우리가 역사를 배우는 이유는 그런 절박한 사고가 터진 다음이 아니라 그걸 미리미리 예방하자는 것인데, 역설적으로 그런 사건이 오기 전까지는 사람들은 절대로 안 움직이는 것 같아요. 그런데 이번 세월호 참사에 굉장히 많은 사람들이 공감을 하게 된 거죠. 그때 우리가 젊은이들과 함께 이런 문제를 자기가 살고 있는 장에서 함께 진지하게 고민해보는 것. 최소한 그것이 가능한 사회가 됐잖아요. 지금의 사회가 되기까지 우리가 어디서 시작했어요? 100:0에서 시작해서 온 거예요. 한국전쟁 때 끔찍한 민간인 학살과 부역자 처벌을 겪으며 진보와 민주주의를 꿈꿨던 사람들은 다 죽었던 거예요. 그런 상황에서 다시 시작해서 여기까지 온 겁니다. 0:0에서 시작해 한 골씩 주고받으면서 51:49까지 와서 "아 아깝게 졌다……." 그렇게 된 것이 아니라 100:0에서 시작해서 지금은 거의 대등한 수준으로 왔다는 거죠. 지난 선거만 봐도 댓글로 여론을 조성하고 그런 수법으로 간신히 정권을 유지하긴 했는데, 이제는 더 이상 이를 용납하지 않는 방향으로 사회가 가고 있는 거고, 그렇게 되면 세상이 진짜로 바뀔 수 있는 그 단계에 와 있는 거죠. 젊은 세대는 우리와는 달라요. 우리가 80년대 민주화 운동을 할 때는 세상이 바뀌어 그 좋은 세상에 내가 산다는 생각은 못 했거든요. 그때는 민주화라는

게 정말 멀리 있었으니까. 그런데 지금 젊은 세대들은 세상을 바꿔서 좋은 세상에서 직접 살면 됩니다.

과감히 연대하라

인디고 | 사실 이번 세월호 참사뿐만 아니라 최근 몇 년 동안 용산 참사와 한진, 쌍용, 밀양과 같은 곳에서 권력과 자본에 의한 노동자와 힘없는 시민들의 죽음이 계속 일어났습니다. 그렇다면 우리는 이러한 거대한 폭력에 어떻게 맞서야 할까요? 저희 세대에게는 불의에 맞서서 세상을 바꿔 나가는 수단과 방법에 있어 이전 70, 80년대의 대학생이 했던 그런 투쟁과는 조금 다른 방식의 투쟁이 필요하지 않나 생각합니다. **선생님께서는 오늘날 저희 세대가 어떤 것을 투쟁의 수단으로 삼아야 한다고** 보십니까?

한홍구 | 투쟁의 수단 얘기를 하기 전에 한국 사회의 민주주의가 이렇게 후퇴한 이유에 대해서 먼저 말하자면, 노동과 시민이 분리됐기 때문이에요. 그렇게 되다 보니 노동 문제를 시민이 자신의 문제라고 옳게 인식하지 못하는 상황이 생겨났죠. 노동 없는 민주주의가 민주주의일 수 없고, 시민 단체 또한 비판 받는 지점이 단체 안에 활동가만 있는, 그래서 시민 없는 시민 운동이란 얘기가 있잖아요? 그런데 노동자야말로 시민 아닙니까. 노동자 따로 시민 따로 생각하다 보니까 노동 운동도 약해

지고 시민 운동도 약해졌어요.

투쟁에서 가장 중요한 게 뭐겠어요? 연대입니다. 힘없는 한 사람이 어떻게 싸우겠어요. 개인이 삼성하고 어떻게 싸우고 국정원하고 어떻게 싸워요. 또 검찰하고 어떻게 싸워요. 근데 우리가 가진 힘이 뭐예요. 쉽게 얘기해서 '쪽수'입니다. 다수의 힘으로 단련할 수 있는 게 바로 연대입니다. 이번에 노동자들이 손배가압류를 많이 당했잖아요. 한진도 그렇고 쌍용도 그렇고. 사람들이 죽어나가는데 거기에 대해서 시민 사회가 침묵을 했어요. 그래서 제가 문제제기를 하고 거기에 호응을 해서 여러 사람들이 같이 준비를 해서 '손잡고'라는 단체를 만들었어요.

옛날 민주화 운동 시기에는 노동 운동과 민주화 운동이 같이 갔었는데 90년대 들어와서 나눠지고 약해지니까 손배가압류 문제로 당장 사람들이 죽어 나가고, 해결이 어려운 상황이죠. 운이 좋아서 정권은 잡았지만 대통령은 결국 떨어져 죽었잖아요. 영화 〈변호인〉을 보고 많은 사람들이 감동을 했어요. 그런데 두 시간 동안 영화를 본 뒤 극장 밖에 나오면 어때요. 그 변호인 노무현은 부엉이 바위에서 뛰어내려 죽었습니다. 근데 고문경관인 차동영은 떵떵거리고 다니고 있습니다. 차동영 같은 사람에게 고문하라 시킨 김기춘 같은 사람들도 여전히 권력을 쥐고 있습니다.

이런 세상에서 우리는 무엇을 해야 할까요. 한 개인으로서 한다면 우리가 노무현만한 결단력과 투쟁력이 있어요? 노무현은 정말 기가 막힌 승부사예요. 개인 아무나 그렇게는 못 해요. 그럼 우리가 또 지율스님처럼 100일 단식을 할 수 있어요? 그럴 수 없어요. 산꼭대기 올라가서 백

몇십 일 버틸 수 있어요? 김진숙처럼 300일 버틸 수 있어요? 일반인이 그걸 어떻게 합니까. 그럼 그걸 못 하는 사람은 가만히 있어야 하나? 그러니까 힘없고 약한 사람들이 손잡는 겁니다. 힘 있으면 왜 손잡습니까? 그냥 내가 해결하면 돼요. 그게 바로 연대예요. 힘없는 사람들이, 서로 부족하니까 "에이, 저거 싫어"가 아니고, 서로 부족한 점을 인정하면서도 같은 방향, 같은 목표를 향해서 서로 손잡고 나가는 것입니다.

70, 80년대와 참 달라진 게 SNS라는 도구입니다. 옛날과 비교하면 이루 말할 수 없이 많은 걸 우리가 갖고 있어요. 근데 70, 80년대와 차이점을 한 가지만 말하면 그때는 사람들이 세상이 바뀐다고 믿었어요. 나는 비록 못 보지만 말이에요. 광주 도청에 남은 사람들이 이길 거라고 생각하진 않았어요. 그런 돌대가리는 아니란 말이에요. 자기가 지는 싸움인 줄 알고 남았어요. 하지만 앞으로 역사와 세상이 바뀔 것이다, 우리는 비록 오늘 죽지만 세상은 바뀔 것이다, 그런 믿음이 있어서 역사에 책임을 졌기 때문에 우리가 광주의 덕을 입어서 여기까지 온 거죠.

그런데 요즘은 어떨 때 보면 국정원 문제 갖고 싸울 때는 "사람이 5천명밖에 안 왔어. 만 명도 안 왔어" 이렇게 말을 한단 말이에요. 전 그 말이 참 납득이 안 가는 게 제가 역사학자이기도 하고 여러 곳에 참여하며 살기도 했지만, 70, 80년대에 500명이 모인 적이 없습니다. 사람들이 6월 항쟁만 봐서 그렇지, 막 튀어 오른 그 순간에 그렇게 많이 모인 것이지 우리가 했던 대부분의 싸움에는 500명도 안 모인 거예요. 500명이 어떻게 모입니까? 그리고 그때 통합진보당 같은 진보 정당들, 참여연대나 환경운동연합 같은 큰 시민 단체들, 진보적인 신문 있었어요? 뉴스타파나 고발뉴스 등이 있었습니까? 지금처럼 트위터나 페이스북이 있어서 개인의 글을 전파해서 몇 천 명, 몇 만 명이 볼 수 있었어요? 없었어요. 겨우 '찌라시' 같은 것만 있었어요.

지금은 고등학생들조차도 영상을 동원해서 자기 이야기를 전달할 수 있는 시대입니다. 우리가 갖고 있는 힘, 한 개인이 동원할 수 있는 힘이 정말 많아졌어요. 문제는 지배 세력이 이 사회의 기득권을 유지하는 방법이 "그런다고 세상이 바뀌는 줄 아느냐? 절대로 안 바뀐다"라고 얘기하며 소통하고 싶어 하는 사람들 사이를 차단시키는 거죠. 소통을 해야해요. 과감하게 손을 잡고 나가는 겁니다. 약자가 가진 무기는 그것밖엔 없어요.

인디고 | 연대의 가치를 말씀해주셨는데요. 저희의 이 프로젝트도 우리 세대뿐만 아니라 선생님처럼 좋은 이 시대의 어른들과 함께 연대하고자 하는 시도입니다. 그래서 마지막 질문으로 **동시대를 살아가는 청소년과 청년들과 함께 물음을 던지고 해결해 나가야 할 그런 가장 절박한 문제의식**이 있다면 말씀해주시길 부탁드립니다.

한홍구 | 전 우리 청소년들이 충분히 슬퍼했으면 좋겠어요. 세월호 참사에 대해서 충분히 슬퍼하고 충분히 분노하고 맨 밑바닥까지 가라앉아야 우리가 바닥을 차고 올라올 수 있지 않겠습니까? 그리고 우리 역사의 긴 흐름을 봐주세요. 당장 저 거대한 것을 상대한다고 해서 역사가 바뀔까? 근데 우리 한 발짝 물러서서 봅시다. 이 인터뷰를 보는 절반은 여

학생들일 텐데 서양에서조차도 70, 80년 전에 여성이 투표하는 것을 용인한 나라들이 많지 않아요. 여성이 도서관에 가는 것조차도 용납이 안 되는 곳이 유럽의 많은 국가들이었어요. 지금 생각하면 믿을 수가 없죠. 70, 80년 전에 믿기지 않던 것들을 지금 우리는 당연한 권리로 누리고 있습니다. 역사는 바뀌는 거예요. 얼마만큼 바뀌나? 우리가 바라는 만큼은 안 바뀌어요. 우리 스스로 했다고 생각하는 만큼 바뀌진 않아요. 왜냐면 우리 기대치가 크니까. 그렇지만 우리가 피 흘린 만큼, 우리가 땀 흘린 만큼 역사는 바뀌어요. 그리고 그것이 우리 앞세대가 흘렸던 피와 땀을 우리가 헛되이 소비하지 않을 수 있는 방법이에요.

우리 세대도 놀고 싶고 편하게 지내고 싶은데 그러지 못하고 싸웠던 이유는 광주 귀신이 여기 어깨에 가끔씩 와 앉아 있어요. 그 귀신을 본 친구들이 있었지만, 난 귀신을 봤다고 할 수 없지만 그 느낌이 있어요. 왜냐면 그들의 목숨을 우리가 대신 산다. 그들 대신 꿈꾸고, 그들 대신 누리고, 그들이 바랐던 세상을 대신 만든다. 이런 일이 다시는 일어나지 않는 세상을 만들겠다 하는 그런 다짐과 약속이 있었던 거죠. 지금 젊은 이들, 그러니까 세월호에서 목숨을 잃은 아이들의 친구일 수도 있고 언니, 오빠일 수도 있는 그런 세대들이 그 아이들을 잊지 않는다면 그들이 가끔씩 찾아와 여기 어깨에 앉아 있는 듯한, 손잡고 가는 것 같은 기분이 들 때가 있을 겁니다. 그래서 광주를 못 놓은 거예요. 그 세대들과 함께 간다 하는 생각으로 역사를 좀 길게 봅시다. 길게 보면 어때요? 150년 전엔 아파트에서도 못 사는 거예요. 어떻게 왕보다 높은데 살아. 그런 생각을 하는 것 자체가 범죄였습니다. 우리가 일상적으로 꿈꾸는 것들, 많은 것들, 또 우리에게 금지되어 있는 것들을 우리의 당연한 권리로 만드는 것 우리가 그런 면에서 보자면 역사의 긴 릴레이 게임을 하고 있는 겁니다. 릴레이를 뛸 때 여러분도 여러분 몫을 열심히 뛰면 되는 거예요. 자, 우리 다 같이 힘을 냅시다.

3

우리를
구원하는 물음

· 김선우 선생님 인터뷰 ·

물속에 살고 있는 물고기가 물에 대해 이야기한다는 것은 무척 어려운 일입니다. 물고기는 물 밖에 나와서 죽기 직전에야 물을 객관적으로 바라볼 수 있는 시각을 갖게 되죠. 문학가는 사회가 그런 파국에 치닫기 전에 미리 비극을 예감하고 이를 막으려 애쓰는 사람들입니다. 그러나 과거 2차 세계 대전이 일어났을 당시 "우리는 완전히 실패했다. 진짜 작가라면 전쟁을 막을 수 있어야 했다"는 한 작가의 뼈아픈 반성처럼 문학의 힘으로 실제 비극을 막아낸다는 것은 이상에 가까울 만큼 힘든 일입니다.

김선우 선생님은 『물의 연인들』이라는 소설을 통해 일찍이 4대강의 비극을 경고한 바 있습니다. 그러나 공사는 강행되었고 아니나 다를까, 지금 전국의 강들은 고인 물에서만 나타난다는 큰빗이끼벌레에게 잠식

당한 채 심각한 녹조 현상에 시달리고 있습니다. 이외에도 김선우 선생님은 노동 문제와 평화 문제, 청소년 문제 등 사회의 약자들에 늘 관심 기울이고 문학을 통해 이들의 목소리를 사회에 전하려 애써 왔습니다. 만약 우리가 또 이 이야기를 무시한다면, 제2, 제3의 세월호 참사가 반복되는 것도 무리는 아닐 것입니다. 그러나 우리 사회는 세월호 참사가 일어난 이후에도 이전과 크게 달라지지 않은 것 같다는 생각도 듭니다. 큰 비극을 겪고도, 문제들을 고칠 수 없는 사회라면 그 자체가 하나의 재앙이 아닐까요?

100명의 사람들이 좋은 사회를 상상해본다면 백 가지 모습의 사회가 그려질 것입니다. 그러나 100가지 모습의 사회에서 아주 공통적인 가치를 찾아낼 수 있다면 100명 모두에게 이로운 사회를 만들 수 있을지도 모르겠습니다. 문학가는 100명에게 묻지 않더라도 그런 사회를 그려볼 수 있는 존재입니다. 우리가 어떻게 그런 사회를 향해 나아갈 수 있는지 김선우 선생님과의 인터뷰를 통해 단서들을 찾을 수 있었고, 그런 진보가 반드시 가능하다는 증거들을 발견할 수 있었습니다.

참담한 시절, 나를 구원하는 물음

인디고 | 세월호 참사에 대해 동시대 어른이자 시인으로서 이 사건을 어떻게 받아들이셨고 또 우리가 반드시 이 참사에 대해 생각해야 하고 극복해야 하는 지점은 무엇인가요?

김선우 | 말할 수 없이 참담하죠. 아마 다들 비슷한 지옥을 경험하고 있을 거예요. 우리 주변 대부분이 그렇고 나도 그렇고 보름 넘게 일상이 유지가 안 되잖아요. 엄청난 충격인데 이런 사건이 일어나는 배경, 배후, 혹은 진실에 대해서는 이미 우리가 어느 정도 공감대가 있는 것 같아요. 갑자기 일어난 일이 아닌 거죠. 이윤 추구가 절대가치가 되어버린 사회에서, 지속적으로 누적되어 왔던 자본의 탐욕, 내면의 탐욕들이 유신독재 이후 개발독재 광풍들 속에서 차근차근 무르익어 온 결과죠. 거기에 더해진 관료사회의 부패, 부정의함, 불공정함 이런 것들이 다 얽히고설킨 일이잖아요.

그냥 딱 핵심만 추리면 그런 것 같아요. 자본과 권력, 이 두 수레바퀴가 무소불위의 힘으로 계속 눈덩이처럼 커지며 통제 불능으로 굴러온 거죠. 신자유주의 광풍이 더더욱 이런 흐름에 가속도를 붙였고, 그러면서 임계점에서 탁 터진 사건인 거죠. 내가 될 수도 있었어요. 어쩌다 보니 운 좋게 살아남은 자예요, 나는, 우리는. 누구라도 그렇게 죽을 수 있는 사회를 살고 있는 거예요. 지금 같은 대한민국 시스템이라면 우린 '아직 죽지 않은 사람들'일 뿐인 거죠. 이 사회, 대한민국이라는 사회 자체가 그런 식으로 40년 이상 진행되어 왔어요. 그러니 어찌 보면 이런 사고는 필연인데, 왜 하필 이 악업의 희생양이 된 이들이 이제 막 피어나는 아이들인지가 가슴 아프고 기가 막힌 거지요. 죄는 딴 놈들이 짓고 애꿎게 희생된 이들이 아이들이라는 게.

이제 그러면 어떻게 할 것이냐. 정말로 판을 새로 짜야 하지요. 이제 더 이상은 갈 데가 없어요. 이 참담한 집단적 죽음, 죽임당한 거나 다름

없는 이 죽음들을 껴안고, 이 자리에서 새로운 판을 짜지 않으면 이 사회는 이제 끝인 거예요. 망한 거예요. 이미 망해가는 와중인데 완전히 한 번에 망한 거예요. 그래도 우리는 살아야 하잖아요. 더 노력해야겠죠. 이제는 좀 차분하게 생각과 일상의 실천이 연결되는, 사유와 실천이 정말 내 생활 속에서 합치되는 삶을 사는 개인들이 진짜로 확 많아지지 않으면 구원이 불가능해요. 살아내야죠. 방법을 찾아야죠. 찾을 수 있다고 스스로 믿으면서 최선을 다해 노력하는 수밖에.

인디고 | 사회적인 문제와 공적인 문제에 대해 알아가기에는 내 삶이 너무 힘들고 바쁩니다. 먼저 내 삶 자체가 소중하다는 감각이 있을 때, 사회적 문제를 해결할 수 있다고 생각합니다. 선생님은 그러면 나의 삶을 사랑하기 위해서 어떻게 하셨는지 말씀해주실 수 있으신가요? **나를 진정으로 더 사랑할 수 있는 힘**은 어디에서 나오나요?

김선우 | 질문의 힘. '나는 누구인가Who am I'를 일상 곳곳에서 계속 묻고 확장하며 지속하는 것. 나는 누구지? 나는 어디서 왔고 어디로 가지? 태어난 존재는 죽잖아요. 태어났으니 나는 죽어가는 과정에 놓인 존재다, 그렇다면 언젠가 사라질 존재로 지금을 살면서 내가 이 삶을 충만하게 살 수 있는 방법은 뭘까? 사람들은 마치 자기가 영원히 죽지 않을 것처럼 인생을 허비하며 산단 말이에요. 아무 생각 없이. 그저 주어지는 조건에 맞춰 그럭저럭 감동 없는 일상을 대충 살기엔 삶의 모든 순간들이 엄청 아까운 순간들인 거죠.

내가 누구인지 묻는 것은, 내가 어떤 삶을 살고 싶은지 나의 욕망에 대해 정직하게 묻는 거예요. 어떤 삶을 살 때 내가 가장 행복한 상태인지에 대해 깨어 있으려 하는 거예요. 우리가 어렸을 때, 이제 막 말 배우고 여섯 살, 일곱 살 시기에 한번쯤은 누구나 밤하늘을 바라보며 해봤던 질문들 있잖아요. 나는 어디서 왔고 어디로 가는 걸까. 나는 이 별에 뭘 하려고 태어난 걸까. 저 많은 다른 별들에도 사람이 살까 등등. 성장하면서 대개 잊어버리지만 우리는 모두 자기 존재에 극도로 민감하던 시기들을 거치면서 자라지요.

아기 적에 첫눈을 보았을 때 정말 신기했을 거예요. 그게 '눈'이라고 불리는 물질인 걸 의식하지 못하던 시절 처음 눈을 본 느낌이 어땠을까요. 신기했겠죠. 세상은 온통 신비로 가득했을 거예요. 처음 바람의 감촉을 느꼈을 때, 하늘에 떠가는 흰 뭉게구름을 처음 보았을 때, 떨어지는 꽃잎을 처음으로 골똘히 보았을 때, 내가 뭘 생각하고 있었을까 상상해보세요. 이제 막 말을 배우기 시작한 아기들이 창밖을 가만히 볼 때 있잖아요. 쟤는 지금 뭘 생각하고 있을까, 뭔가 그 존재는 세상에 대해 생각하고 있어요. 아마 그때에 내가 세상에 대해서 가지고 있었던 질문 혹은 나에 대해 갖고 있었던 질문들이 끊임없이 여러 종교의 수행자들이 묻는 그 질문 "Who am I"인지도 몰라요. 나는 누굴까, 나란 존재는 도대체 뭘까, 내가 뭔데 이런 육체를 가지고 이곳에 있지? 이곳에서 나는 무얼하며 살려고 하는 걸까. 어떻게 살아야 참으로 사는 것일까. 어떤 삶이내게 가장 가치로운 것일까. 이런 질문들. 어렸을 적 해 떨어지는 거 보면서 밤하늘의 별을 보면서 누구나 틀림없이 한 번씩은 해본 그 질문들.

그런 나를 찾아야 해요. 이게 굉장히 경이로운 질문이거든요. 저 수없이 반짝이는 별들 중 하필 지구라는 이 별에 태어난 경이로움, 신비, 나와 세상과 우주에 대한 호기심 같은 것이 학교 교육 속에 들어가는 순간 올스톱되지요. 학교의 경쟁 체제는 사회의 경쟁 체제로 바로 연결되고, 사회에 발을 들인 순간부터 모든 건 나의 의지와 무관하게 외부의 힘에 의해 흘러가기 시작해요. 자신의 삶을 스스로 조절하기 어려운 시스템의 속도에 갇혀버리죠. 대한민국처럼 후진 시스템일 때는 사태는 더욱 심각하고요. 도태되지 않고 살아남아야 한다는 강박에 갇혀 시스템의 요구와 속도에 허깨비처럼 따라가다 보면 인생이 훌쩍 가버리는 거죠. 내가 본래 나에게 대해 갖고 있었던 질문인, '나는 누구냐, 나는 지금 왜 여기에 있고 나는 어디로 갈 것이냐' 이 질문을 끊임없이 물을 수 있는 사람들이 시인이고 철학자들이에요. 인문학적 사유의 바탕이 되는 모든 것들은 거기서부터 출발을 하죠. 그리고 그 질문을 놓치지 않는 사람들은 세상의 속도에 휩쓸려가지 않아요. 유한한 존재로서의 나에 대해 계속 질문하게 되면 내가 나로서 존재하는 이 시간이 얼마나 소중한지, 얼마나 경이로운지를 알기 때문에 단 한 시간 한 조각도 허투루 쓸 수가 없어요. 감성과 지성을 총체적으로 깨우고 온몸으로 깨어있는 스스로에게서 받는 충만감, 충족감, 행복감, 자긍심, 이런 것을 아는 존재들은 허깨비처럼 멍청하게 살 수가 없다고요.

근데 그런 질문을 잊어버리도록, 질문을 마비시켜 무감각하게 만들도록 우리 사회가 강요하죠. 학교에 들어가면 시스템에 갇혀서 그런 질문들은 죄다 망가져요. 그런 질문을 하면 이상한 애가 되죠. 그런 고민을

2부 절망의 시대, 희망의 길을 묻다

할 시간에 시험공부 해서 성적을 올려야지 왜 그런 쓸모없는 이상한 생각이나 하고 있냐고 야단맞겠죠. 그게 거듭되면 스스로 자신을 무감각하게 만들어요. 일종의 생존 전략이죠. 이중으로 바보가 되는 거예요. 처음엔 시스템이 요구해서 바보가 되고 나중엔 자기도 그냥 적당히 시간을 땜빵하며 사는 게 제일 편하다 생각하게 되죠. 내가 누구인지, 내가 어떨 때 가장 행복한 존재인지, 내가 어떨 때 가장 충만한 존재인지를 새까맣게 잊어가면서 소위 사회인이 된단 말이에요. 안타까운 일이죠.

내가 정말 하고 싶은 것 따위는 다 잊고서 열심히 시험공부 해서 대학에 들어가고 또 그곳에서는 열심히 취업시험 준비해서 소위 좋다 하는 대기업에 들어간 다음엔? 지시 받은 것을 열심히 해서 성과를 막 올리겠죠. 일하는 게 즐거워 미치겠다, 그러면 천만다행이겠지만 대부분은 그렇지 않아요. 직장 일을 하면서 스스로 즐겁지 않다면 그 모든 시간들은 도대체 누구를 위해 쓰는 건가요? 오너와 그 가족에게 자신의 청춘을 바치는 것을 아까워하지 않는다는 게 오히려 이상한 거 아닌가요? 그런데 점점 문제 제기가 사라져요. 열심히 스펙 쌓아서 소위 일류 기업에 취직해야 성공했다고 얘기하는 그런 멍청한 성공이란 게 대부분 자기에 대한 질문이 없어서 그래요. 나는 누구인가, 나는 어떻게 존재해야 가장 행복한가에 대한 질문을 갖고 있는 사람들은 어떤 순간이 오면 탈출을 하죠. 초반엔 좀 얼떨떨해서 멍청하게 산다고 하더라도 거기에 굴복하지 않아요. 빠르건 늦건 탈출을 해서 자유를 찾으려고 하죠. 그런데 끝끝내 자유롭지 못한 채로 인생의 마지막까지 가는 경우가 훨씬 더 많다고요. 정말 안타까운 일이죠.

우리는 더 빨리 깨어나야 해요. 내가 누구인지를 묻는 순간, 내가 어떻게 살아야 하는지가 같이 물어지고, 어떻게 살아야 하는지에 대한 질문이 수행이 되면, 존재의 모든 시간들이 얼마나 귀한지 깨닫게 되고, 존재의 모든 시간들을 생성하고 유지하게 하는 당신에 대해서도 알게 돼요. 우린 모두 혼자 살지 못하잖아요. 내가 세상에 태어나는 순간부터 우리는 누군가와 더불어 살아야 해요. 엄마, 아빠의 몸을 빌려야지 세상에 나오고 세상에 나와서 성장하는 그 모든 시간들에 누군가의 도움을 받아야지 존재 가능하잖아요. '누군가의 도움을 받아야만 존재 가능한 것이 나로구나'라고 깨닫는 순간, 그리고 그 순간의 감각을 잃어버리지 않는 사람은 '내가 받았던 것을 누군가에게 나눠주는 삶이 나를 존재하게 하는구나' 라고 자연스럽게 깨달을 수가 있어요. 자연스러운 존재의 이행이고 세계의 확장이죠, 그것은.

그런데 나에 대해서 충분히 사유하지 못하는 사람들은 나와 타인의 삶이 완전히 격리되어 있다는 멍청한 생각에 빠져요. 특히 한국의 현실은 일찍부터 타인을 경쟁 관계로 만들죠. 연대와 유대보다 경쟁과 정복을 가르쳐요. 요즘은 심지어 초등학교에 입학하는 순간부터 경쟁 관계가 시작돼서 고등학교를 졸업할 때까지 '쟤는 몇 등인데 너는 몇 등이야'라는 비교 경쟁에서 벗어나지 못해요. 이렇게 되어버리면 나를 찾을 수가 없어요. 상대방의 모습에 내 모습이 투영되고 그래서 서로서로 투영되는데 다 잡아먹으려고만 하는 그런 사회를 일찍부터 경험하고 자라면 인간이 불쌍해지는 거죠. 그러니 정신 바짝 차려야 해요. 나는 나로서 잘 존재하고 있나? 나는 지금 행복한가, 라는 질문을 일상 속에서 끊임없이 묻고 생각하며 살기. 자신의 현재 모습을 있는 그대로 볼 수 있어야 더 잘 존재하기 위한 노력을 할 수 있고 자기를 더 잘 사랑하는 방법을 찾을 수 있으니까요.

두려움으로부터 벗어나기

인디고 ｜ 선생님의 책에서 '오로빌'이라는 마을을 보았습니다. 아주 보편적으로 실현된 공동체는 아니지만 이상적이고 유토피아 같은 곳으로 그려져 있었습니다. 우리 사회의 청년과 청소년들은 태어날 때부터 오로빌 같은 삶을 상상할 수 없는 것 같습니다. 선생님께서 상상하는 **이상적인 사회의 모습**은 어떤 것인지 그리고 청년들이 왜 이런 마을을 보아야 하는지 말씀해주실 수 있는지요?

김선우 ｜ 책에도 쓴 것처럼 오로빌은 여전히 실험 중인 마을이라 장점과 문제점들이 혼재되어 있는데, 중요한 건 '실험 중'인 과정 그대로를 그들 스스로 오픈마인드로 받아들인다는 거예요. 뭔가 만들어가는 과정에서 겪는 시행착오들을 두려워하지 않는다는 것. 계속 실험하면서 생기는 실패들을 두려워하지 않는다는 것. 그 점이 오로빌 사람들이 가지고 있는 가장 큰 에너지였던 것 같아요.

오로빌에 존재하는 다양한 커뮤니티들 중 하나가 '사다나 포레스트'라고 외곽에서 나무 심기를 하는 공동체예요. 인도가 전체적으로 굉장히 환경이 안 좋잖아요. 덥고 건조하고 우기와 건기가 극단적으로 나뉘고요. 그러니까 나무들이 뿌리 내리고 제대로 성장할 수 있기까지, 즉 어린 나무가 청년나무가 되기까지 굉장히 힘든 과정을 거쳐요. 그런 곳에 애기나무를 심어서 숲을 가꾸려고 하는 곳이 사바나 포레스트인데, 이스라엘 부부가 처음 그 황무지에 나무를 심기 시작했어요. 오로빌의 메인 공동체들은 그나마 자가발전으로 전기를 쓰는데 사바나 포레스트에는 전기도 아무것도 없는 거예요. 진짜 완전히 타잔처럼 살아야 해요. 거의 야생으로 살아야 하니 청년이 아닌 몸은 견디기가 힘들더라구요. 사다나에서 저도 인정했죠. 아, 난 이제 늙었구나, 후퇴하자, 하하. 그래서 저는 낮에 들어가서 밤에 나오곤 했는데 거기서 정말 아름다운 청년들을 많이 봤어요. 전 세계 청년들이 거기 와서 나무를 심고 보살펴요. 당연히 자원봉사죠. 햇빛 강해지기 전 아침과 저녁에 나무 심고 둑 만들고 물주고 하는 일들을 하고 무더운 한낮엔 메인 오두막에 모여서 놀고 서로 배워요. 서로가 서로에게 선생이고 학생이죠. 누구는 기타를 가르치고 누구는 타악기를 가르치고 스페인어, 불어, 일어, 에스페란토어, 타밀어 등등 온갖 종류의 언어들을 배울 수 있는 곳이죠. 그 오두막 안에서 서로 주고받는 언어들이 최소한 5개 이상이 되니까. 누구든 자기가 잘하고 공유하고 싶은 것들을 선보이고 그게 호응을 얻으면 당장 워크숍이 만들어져요. 나춤 좀 추거든, 하면 춤 가르치고 요가 가르치고, 그렇게 뭐든지 서로에게 공부가 되는 시간들이 자연스럽게 만들어지고 너무나 자연스럽게 서로를 배려해요. 정말 빛나는 청년들을 많이 봤어요.

그러면서 한국의 아이들 생각을 많이 생각하게 되더라고요. 바깥에 나가서 그런 청년들을 보면 우리 아이들, 한국의 청년들을 떠올리게 돼요. 딱딱한 중고등학교 시스템에 갇혀 있는 아이들을 보면 너무 안쓰러워서 뭐라고 얘기하기도 힘들지만, 힘들 테니까 지금은 뭐라고 하지 말자, 라고 유보하면 영영 시간이 없어요. 대학에 들어가면 마찬가지잖아요. 사회에 나가도 마찬가지고요. 맘껏 자유로워질 수 있는 기회를 계속 유보하고 살아야 해요. 말도 안 되는 거죠. 가장 아름다운 시절, 그 반짝거리는 시절에. 그래서 청년들을 만나면 전 틈만 되면 나가 놀라고 하고 싶어요. 요즘은 다들 무슨 어학연수, 영어연수, 이런 것 하기 위해 외국 가잖아요. 그런 거 말고, 전 세계 청년들이 만나 서로 친구되고 교류하고 배우고 놀고 하는 그런 장소들과 공동체들을 가능한 많이 경험하라고 하고 싶어요. 한국에만 갇혀 있으면 한국적 상황만 보여서 질식하기 쉽거든요.

세상에는 엄청나게 다양한 공동체들이 있어요. 그리고 정말 다양한 방식으로 살아가는 사람들이 있단 말이죠. 그런 사람들과 만나서 이야기 나누고 서로 배우고 도대체 어떻게 살아가는 것이 행복하고 좋고 옳은 것인지 찾아보았으면 해요. 와, 나 지금 살아 있는 게 정말 좋다! 산다는 게 이런 거구나! 좋다, 너무 행복하다! 이런 느낌을 받을 수 있는 순간들을 가능한 많이 경험할수록 우리 삶은 풍요로워져요. 행복의 감각은 행복한 순간을 많이 경험한 사람일수록 점점 더 진보하고요. 그러니 청년기에는 더 다양한 경험들을 가능한 많이 할 것. 배낭여행, 무전여행같이 세계를 무대로 자유롭게 다니고요. 그렇게 세계를 경험하다 보면, 한국 사회가 요구하는 패턴대로 살지 않아도 되는구나, 더 다양한 삶이 가능하구나, 하는 걸 몸으로 배우게 되죠.

그런데 우리는 사실 이미 두려움의 노예가 되어버렸어요. 한국 사회에서 시험지옥인 중·고등학교를 지나 대학에선 취직준비 학원을 지나 취직해 젊은 나이부터 노후 걱정하며 보험이나 연금 들고 하는 삶이 아닌 삶을 상상하지 못하기 때문에 두려운 거예요. 다른 삶의 멋진 성공모델을 본 적이 없으니 다른 삶의 가능성 자체를 생각 못 하고, 한국 사회가 정해준 대로 살지 않으면 뭔가 루저가 되는 것 같은 두려움의 노예가 일찍부터 되는 거죠. 그걸 깨야 해요. 그걸 깨기 위한 가장 좋은 방법은 다양한 삶의 가능성들이 존재한다는 것을 몸으로 경험하는 거예요. 요즘은 좋은 책들이 많아지고 있으니 그걸 참고할 수도 있고요. 저는 가능한 직접 경험을 권해요. 땡전 한 푼 없어도 안 굶어 죽어요. 호시탐탐 새로운 경험을 위해 시간과 노력을 쏟는 것. 그게 좋은 인생을 사는 데 가장 큰 자산이 될 거예요. 세계와의 마찰면들을 넓게 가질수록 인생은 풍요로워집니다. 분명히.

그런 면에서 굉장히 조심스러운 이야기긴 하지만 세월호 참사를 겪으며 우리가 만들어낼 수 있는 희망도 있어요. 앞서 얘기했던 것처럼 이 참사는 사실 필연이에요. 한국 사회가 이렇게 엉망진창으로 돈과 권력의 노예가 되어 굴러오다 보니 계속 생기는 비극들이죠. 불과 몇 년 전 도심 한가운데 용산에서 본질적으로 똑같은 방식으로 시민들이 살해당했듯이 세월호의 아이들도 살해당한 거예요. 용산, 쌍용차, 4대강, 강정, 밀양 이런 현장들이 본질적으로 다 마찬가지예요. 무소불위 자본력과 무능하고 부패한 권력의 담합이 만드는 국가 폭력 현장들이죠. 낱낱이 살펴

보면 모두 다 너무나 힘든 현장들인데도 불구하고 지금까지는 사회 전반적인 공감을 하지 못한 채였잖아요. 그러다가 세월호 참사로 전 국민이 슬퍼할 수밖에 없는 어마어마한 충격에 부딪혔어요. 이것이 슬픔으로만 끝난다면 달라지지 않아요. 더 이상 물러설 곳 없이 지금 여기서 우리 모두가 새 판을 짜야 한다고 하는 것이, 이 사건이 이전에도 있어왔던 수많은 사건들의 종합판 같은 거란 말예요. 비극에 대한 국민적인 공감대가 형성되어 있으니 여기에서 새롭게 판을 잘 짠다면, 뭐랄까, 어떤 비약적인 의식의 성찰이 일어날 계기가 될 수도 있지 않을까요? 그런 계기가되게 만들어야 하는 것이 우리들의 몫이겠죠. 시민들의 소소한 반응들부터가 굉장히 중요한데 최소한 중요한 공감들은 광범위하게 일어나고 있는 것 같아요. 이렇게 하루아침에 눈앞에서 사라져버릴 수 있는 이 아이들에게 그렇게 끊임없이 시험공부 해라, 학원 가라, 대학 가야지, 취직해야지, 하면서 한국 사회가 요구하는 패턴에 맞추어서 살라고 유리채찍을 휘두른 게 다 무슨 소용이었을까 싶은 후회가 광범위하게 공유되는 것만으로도 일종의 성숙이에요. 아이들이 하고 싶어 하는 걸 하게 해줄걸, 하는 반성이 지속되고 실천으로 이어질 수 있다면 지금 같은 답 없는 교육제도에 조그마한 균열을 낼 수 있는 힘이 생길 수도 있어요.

그게 돌이켜보면 어떤 물음과 통하냐면 어렸을 때 우리가 누구나 한 번씩 경험하는 '나는 누구인가, 나는 이곳에 왜 태어난 걸까, 나는 왜 존재하는가'라는 거예요. 유한한 목숨이니 지금 이 순간에 최대한 행복하고 충만한 자존감을 가지고 살아야만 하는 존재임을 잊어먹고, 다 그냥 괄호 안에 넣어버리고, 그냥 무조건 이 사회 구조 안에서 성공한 삶을 살아야 해, 라고 구겨 넣고 입 닥치고 가다가 엄청난 비극이 터지면서 갑자기 우리에게 잊혔던 질문들이 딱 던져진 거예요. 그렇지, 우리는 이 별에 잠깐 왔다가 가는 존재지. 이 잠깐이 얼마나 소중한가. 그런데 이 소중한 시간들에 아이들을 불행한 학교에 구겨 넣고 닦달하고 있었구나, 하는 생각을 하는 어른들이 많아질수록 세상은 좀 나아질 거예요. 전에는 저항하고자 하는 힘이 부분적으로 흩어져 있었는데, 세월호 참사는 엄청난 공분을 일으키고 있으니까, 이 공분을 희망의 증거로 바꿔갈 수 있는 가능성이 더 큰 거죠. 큰 고통일수록 큰 희망으로 조직해갈 수 있는 가능성은 크다고 생각해요. 정말로 새판을 잘 짜야 하는 그런 단계에 와 있다는 생각이 들어요.

인간으로 존재하기, 살아가기

인디고 세월호 참사가 일어난 이후 우리 사회에 아이들을 지켜주지 못한 것에 대한 죄스러워하는 목소리가 가득합니다. 그러나 정말 사회 전체가 이런 사태가 일어나도록 용인해온 불의와 부패에 부끄러움을 느끼고 있다면 사고가 일어나기 전과 분명히 달라지는 점이 있어야 합니다. 그러나 시간이 흐를수록 우리 사회는 세월호 참사 이전과 조금도 달라지지 않은 모습으로 회귀해버리는 것 같습니다. 당연히 국가가 보상해줄 것 같았던 유족들이 외면받고 특별법마저도 쉽게 통과되지 않는 현실에서, 우리는 어떻게 **부끄러움을 느낄 수 있는 세대**로 거듭날 수 있을까요? 그리고 **문학적 감수성**은 고통에 응답할 수 있는 공감 능력을 어떻게 기르는 데 어떤 역할을 할 수 있을까요?

김선우 | 잊지 마세요. 우리는 삶을 행복하게 살 권리가 있어요. 일상에 쫓겨 먹고사는 것만 해결하느라 삶의 모든 걸 쏟아붓는다면 그 삶이 얼마나 비참해요? 우리는 행복하게 살기 위해 태어난 거예요. 행복하고 자유롭게 살 수 있으려면 스스로의 감수성을 자신과 세상을 향해 열어놓는 훈련이 필요해요. 문학을 통해, 시와 소설, 좋은 에세이를 읽으면 사람과 자연에 대한 이해의 폭이 커지죠. 무미건조한 일상이 없다는 걸 발견하게 돼요. 일상의 모든 순간에 내재한 고유한 감성을 느끼며 살 수 있다면, 인생은 재미있고 의미 있는 순간들로 채워져 가지요. 존재의 느낌을 충만하게 하고 자기 자신의 삶을 즐기려는 자세와 여유를 가질 수 있게 도와주는 것이 예술이고 그중 문학은 아주 강력한 조력자예요. 공감의 첫 번째 반응은 느낌으로부터 시작해요. 충만한 느낌의 세계를 가졌다는 것은 그만큼 큰 공감 능력을 갖췄다는 것이지요. 느낌은 심장의 것이에요. 심장은 없고 머리만 있는 사람, 감성은 없고 지성만 있는 사람은 괴물이 되기 쉽지요. '인간'이기를, '잘 존재하는 인간'이기를 바란다면, 느낌의 세계를 충만하게 만들 수 있어야 합니다.

인디고 | 마지막 질문으로, 『물의 연인들』에 수린이가 나오잖아요. 이름이 수린이라 그런지, 너무 슬프게도 물과 친한 아이라 그런지 이름도 못 들어본 병에 걸리죠. 그런데 모든 아이가 수린이가 아닐까요? 4대강 문

제뿐 아니라 **아이들의 영혼이 자라는 세상이 오염**되고 있잖아요. 이 세상에서 어떻게 하면 나를 지킬 수 있을까요? 마지막으로 새로운 세대가 될 청소년들에게 한마디 해주시면 좋겠습니다.

김선우 ｜ 앞서도 말했듯이, 질문을 잃지 말아야 한다는 것. 지금 이 시간, 내가 잘 존재하고 있는 건지, 내가 지금 행복한 상태인지, 어떻게 사는 것이 충만하게 사는 건지에 대한 질문을 잃지 않아야 해요. 그 질문을 잊어버리는 순간, 시스템과 속도에 휘말려버릴 수밖에 없어요. 그러니까 자신을 지키는 가장 강력한 질문을 잘 유지해야 해요. 그런 질문들을 자주 자기에게 물어볼 것. 그런 질문의 시간은 스스로 자기 힘을 발견하는 시간이기도 해요. 내가 시스템이 강요하는 속도에 함부로 구겨 넣어져서 떠밀려가도 좋은 존재가 아니라는 자기애, 자기긍정! '나를 구하겠다'는 자기 자신에 대한 구원 의지이기도 해요. 그 의지를 잊어버리면 질문조차 하지 못하게 되거든요. 그러면 정말로 희망이 없어요. 어쩌면 우리는 수중에 남은 가장 가느다란 줄 하나를 잡고 헤엄쳐 나와야 하는데 그 가느다란 줄 하나가 스스로에게 던지는 그런 질문이 될 거예요. 저물녘 5분, 아침에 눈 뜨고 일상을 준비하기 전의 5분, 하루 중 어느 시간에든 틈틈이 이런 질문들을 스스로에게 해줄 수 있는 시간을 확보하기. 좋은 시스템의 사회가 아닐수록 더더욱 이런 질문들을 필사적으로 해줘야 자기를 지킬 수 있어요. 이런 질문의 시간이 많아질수록 축적하는 내적 힘들이 커져요. 발견할 수 있는 나의 힘, 나의 가능성이 커져요.

그런 가능성이 커졌을 때 그다음 단계로 저는 '친구들과 손잡아라'는 얘기를 하고 싶은데 내가 하고 있는 고민들, 내가 나에 대해서 하는 생각들을 함께 이야기 나누는 친구들을 보다 적극적으로 만나는 것. 청소년기엔 두 가지 선택이 있죠. 학교에 있을 것이냐 벗어날 것이냐. 탈학교 방법이 너무 적극적이다 싶으면 학교에 남는 것인데, 학교에서도 스스로 행복해질 수 있는 길을 찾아낼 수 있는 방법은 충분히 있을 수 있다고 생각해요. 학교 안에서 학교 시스템이 정해놓은 대로 순순히 살아가면 망해요. 망하지 않기 위해, 자신을 구하기 위해, 스스로에 대한 질문을 지속할 수 있는 시간을 확보할 것. 자기에게 하는 그런 질문과 이야기들을 친구들과 함께하는 시간들을 만들 것. 친구들과의 그런 유대가 학교 안에 다양한 방식의 작은 커뮤니티들을 만들어 누리는 방식으로 갈 수 있게 된다면 학교 시스템 속에서 그나마 우리가 가지고 있는 힘과 건강함을 유지할 수 있을 거예요.

처음에는 내 속내를 자주 얘기하는 짝꿍 정도일 수도 있고, 그 짝꿍의 친한 누구 이렇게 서넛이 될 수도 있고, 서넛이 일고여덟이 될 수도 있고, 둘도 가능하고 셋도 가능하고 넷도 가능하고 일고여덟도 가능한 이런 크고 작은 손잡은 공동체, 이야기를 나누는 커뮤니티 만들기. 이야기를 나누다 보면 어떤 친구들은 나는 영화 같은 게 재밌어. 이런 거 한번 해볼까? 이럴 수 있고 어떤 친구들은 시 쓰기, 소설 쓰기, 창작 같은 게 너무 재밌어. 네가 쓴 거 나한테 한번 보여줄래? 이것 좀 봐줄래? 이런 식의 소통들이 일어날 수도 있고요. 그러다 보면 어느 날, 저 선생님 우리랑 좀 통할 것 같은데? 이런 생각이 들기도 하겠고, 그러면 우리랑 얘기 통할 것 같고 도와줄 수 있는 선생님, 어른들을 여러분이 적극적으로 선택하고 그 어른들로 하여금 여러분을 돕게 하세요. 손 내밀 수 있는 어른들이 틀림없이 존재해요. 나에 대한 질문, 내가 가장 잘 존재하는 방식을 깨달아가는 자기시간을 꼭 확보하고, 여기서 한 단계 나아가서 짝꿍, 서넛, 이런 식의 작은 커뮤니티로 친구들과 대화하고, 거기에 괜찮은 어른들을 포함시키는 것. 이런 과정들을 학교생활 안에서 만들고 즐기고 했으면 좋겠다는 것이 저의 바람입니다.

4

상처받기를
두려워하지 말아라

· 이왕주 선생님 인터뷰 ·

세월호 참사는 우리 사회의 구조적 문제를 여실히 드러냈습니다. 그런데 그 구조를 만들어내고 유지하고 있는 것은 결국 우리 한 명 한 명의 국가 구성원들이지요. 문제로부터 한 발자국 물러나서 직접적으로 연관된 책임자들을 비난하고 정치인들의 구태의연한 모습에 냉소적 비판을 가하기는 쉽지만, 총체적 관점에서 그러한 구조의 한 부분을 담당하고 있는 스스로의 영향력과 위치를 인식하고, 변화를 위한 실천을 자기 삶의 일상에서부터 펼쳐나가기란 쉬운 일이 아닙니다. 그것은 무엇보다 자신의 삶에 대한 개인적이고도 윤리적인 반성을 필요로 하는데, 그 반성의 결과로 도출된 윤리적 판단이 우리에게 요구하는 삶의 방향은 우리의 일상적 관성과는 반대인 경우가 많기 때문입니다. 불편한 윤리적 실천에 우리의 몸과 정신의 관성은 저항을 일으킵니다. 우리는 그 저항과 어떻게 정직하게 마주하고 부딪혀서 우리의 삶을, 나아가 그것들이 모여 이루는 사회적 구조를 우리가 옳다고 생각하는 방향으로 이끌어갈 수 있을까요?

이왕주 선생님은 동시대 철학자로서 소크라테스의 "음미되지 않는 삶은 살 가치가 없다"라는 발언에서 인간의 윤리적 가능성을 발견하여 우리에게 소개해 왔습니다. 무엇이 옳은 것인가, 어떤 삶이 살만한 삶인가 고민하는 것은 근본적인 차원에서 우리 삶의 관성에서 벗어나 새로운 방향으로 동력을 부여할 수 있는 힘입니다. 또한 그것은 주로 일어난 일에 대한 반성의 담론으로서 철학이라는 형태로 인류 사회에 존재해 왔지요. 세월호 참사를 철학적으로 성찰한다는 것은 곧 세월호 참사를 만들어낸 우리 삶의 방식이 옳은 것이었는가를 되묻는 일입니다. 만약 그것이 옳지 않았다면 다시는 이런 문제가 생기지 않도록 우리가 추구해 나가야 할 개인의 윤리적 삶의 태도는 어떤 것이어야 하는가, 사유하는 것이 동시대 철학자의 몫일 것입니다. 이런 맥락에서 우리는 차이를 인정하지 않는 불통과 독백의 굴레를 깨고 나와 차이와 변화와의 마주침이라는 대화의 형식을 통해 존재의 변화가 이루어질 수 있는 가능성을 꾸준히 탐구해 온 이왕주 선생님을 찾았습니다.

죽음으로 몰아간 노년의 속도감

인디고 | 이번 세월호 참사에서 어른들의 부주의와 대처의 미숙함으로 수많은 청소년들이 목숨을 잃었습니다. 그런데 시간이 지날수록 이번 사건이 단순히 우연한 사고만은 아니라는 생각이 드는데요. 서로 책임을 미루고 자신은 피해를 입지 않으려 먼저 몸을 피한 선장과 선원들, 그리고 관료주의적 태도로 일관했던 공무원들과 정부 공직자들, 나아가 그러한 행태를 당연하게 여기는 우리 사회의 인식과 구조적인 병폐가 중첩되어서 일어난 사건이 아닐까요? 선생님께서는 **철학자로서 세월호 참사가 일어난 근본적인 원인이 무엇이라고 생각하시는지** 묻고 싶습니다.

이왕주 | 엉뚱하게 들릴지 모르겠지만 원인 중 하나는 속도감에 있다고 생각해요. 내가 말하는 속도감이란 청년의 속도감을 잃어버린 낡은 세대가 움직이는 벡터 같은 것이에요. 방향을 잃고 우왕좌왕하며 시간을 헛되이 흘려보내고, 절체절명의 위기상황에 너무나 뒤처진 속도감으로 사태에 임했기 때문에 이런 일이 벌어졌다고 생각해요. 물론 여기서 노년이라 실제 노인세대를 뜻하는 게 아닌, 메타포로서의 노년을 말하는 것이고요. 노년 벡터의 특징은 두 가지예요. 첫째는 생명이 아니라 죽음을 향해 나아가는 속도감이라는 것이고, 둘째는 기민하게 대처해야 할 사태에서는 느릿느릿 움직이고, 천천히 대응해야 할 곳에서는 전광석화처럼 움직인다는 것이지요. 그러니 노년 속도감의 문제는 속력에서 뒤처진다

는 게 아니라 사태에서 뒤처진다는 거예요. 사태는 긴박하게 돌아가는데 수습의 방향과 진행속도가 우리의 기대와는 어처구니없이 빗나갔던 더 근본적인 원인은 이 속도의 벡터 때문이었다고 생각해요.

가령 지금 우리에게 골든타임이라고 알려진 시간, 즉 배의 급작스런 침몰이 감지되기 시작하고 구출 가능한 마지막 시간까지 언론마다 보도하는 것이 조금씩 다르지만 93분이었다고 해요. 93분이라는 시간은 생각하면 아득히 긴 시간이잖아요. 그것은 천 명, 2천 명도 탈출할 수 있는 시간이었어요. 그런데 골든타임이라 부르는 그 93분을 속절없이 흘려보낸 거예요. 그 시간 동안 단원고 학생 등 승객들은 안내방송에 따라서 얌전하게 구명조끼를 입은 채 자기 자리에 앉아서 기다렸어요. 그때 그 상황에서 책임져야 할, 선장과 승무원들은 기민하게 도망쳤고, 구조신호를 접수하여 출동한 해경 등은 누구보다 우선 그들에게 도피로를 마련해준 꼴이 되고 말았지요. 내가 말하는 청년 벡터로 이 상황을 처리한다는 것은 가령 이런 거예요. 해경은 침몰하는 배에서 제일 먼저 도망치려는 선장 등 승무원을 제지하고, 배의 구조를 잘 아는 그들을 돌려세워서 함께 배에 올라서 구할 수 있는 수십 명의 생명을 구하는 거예요.

해경은 촌각을 다투는 93분의 골든타임은 그렇게 허망하게 속절없이 흘려보내면서 현장을 방문하겠다는 행안부의 관리들이나 장관들의 예우에는 매우 신속하고 기민하게 대처했어요. 보도에 따르면 구조용 헬기와 고속정을 구조 현장에 보내는 대신 관리 수송용으로 보냈다는 거예요. 이것이 내가 말하는 노년의 벡터지요. 모두를 죽음으로 끌어가느라 우왕좌왕하는 속도감, 어쨌든 이것이 이 사태의 근본 원인 중 하나라고

2부 절망의 시대, 희망의 길을 묻다

생각해요.

분명한 것은 선장과 승무원들이 청년의 속도감으로 이 사태가 전개될 상황의 심각성과 절박성을 온몸으로 느끼면서 기민한 속도로 대처하고, 구조신호를 접수한 해경이 다른 모든 것 제쳐두고 하나의 생명이라도 구하려는 일념으로 희생적으로 구조에 뛰어들었으면 절대로 이런 비극은 일어나지 않았을 거라는 거예요. 이런 속도감은 이미 우리 사회에 만연되어 있었던 것이었죠. 지난 2월 중순 부산외국어대학교 학생들의 마우나 리조트 참사가 발생한 지 채 두 달이 되지 않아 일어난 이 일련의 비극들의 원인은 결국 닮은꼴이라는 거예요.

노년의 속도감에서 또 하나 짚어야 하는 것은 그 시선이에요. 이 속도감으로 움직이는 집단들의 시선은 방송 안내에 따라 가만히 멈춘 채, 구원의 손길을 애타게 기다리다 뒤집어진 배안의 어둡고 차가운 물속에서 고통스럽게 죽어가는 생명들에 단 한 번도 머물지 않았던 것 같아요. 그들의 눈에 팽목항과 진도 앞바다의 맹골수도가 그저 유명 순례지쯤으로 비쳤겠지요. 그러니 기념사진 촬영 따위에 열을 올렸던 거 아니겠어요?

아마도 그들이 그런 속도감으로 움직인 것은 세월호 승객의 구조 문제가 생명을 구하는 문제가 아니라 권력자가 생명을 구해줘서 은혜를 베푸는 문제로 착각했기 때문일 거예요. 이런 집단들에게 그런 속도감에서 빠져나오도록 만드는 아마도 유일한 방법은 그 희생자 입장에 세워보는 일일 텐데, 그야말로 쉬운 일이 아니죠.

반항의 감수성

인디고 | 세월호 참사 이후 우리는 대한민국 호라는 기울어져 가는 배에 타고 있다는 목소리도 나오고 있습니다. 그런데 우리가 이런 국가적 차원의 문제에 대해서도 역시 노년의 속도감으로 대처하고 있는 것이 아닌가 하는 생각이 듭니다. 국가권력과 관련된 국민의 죽음이 지난 용산 참사와 밀양 송전탑 문제에서 발생했고, 뿐만 아니라 청소년 자살률도 세계 1위라고 합니다. **세월호 참사에서 일어난 것보다 더 많은 목숨이 매년 죽어가고 있는데, 그런 총체적인 문제의 관점에서 우리가 무엇을 제대로 인식해야 할까요?**

이왕주 | 세월호는 진도 앞바다만 있는 것이 아니고 우리 일상성의 작은 정치 속에 미세하게 흩어져 있죠. 세월호 참사가 그런 대형 사건으로 집약적으로 드러난 것이라면 파편화되어 흩어져 있는 수많은 작은 세월호들은 다른 형태들로 우리 삶 가까이 밀착되어 존재하고 있어요. 규모가 작고 모양은 달라도 본질은 거기서 거기예요. 큰 사건에 대한 대처도 저러한데 하물며 작은 규모의 사건에 대한 대처는 어떻겠어요. 묵살하거나 관망하거나 하는 식으로 대처하다가 사진이나 찍고 데이터를 남기고 서류로 처리하는 그런 방식일 거예요.

작년 UN 통계에서 한국인의 행복지수가 OECD 34개국 중에서 33위예요. 청소년 자살률과 무관하지 않은 통계겠지요. 자살의 형식으로 나타나고는 있지만 그들도 어쩌면 나름의 방식으로는 뒤집어진 또 다른 세월호 안에서 구원을 기다리다 숨져간 어린 영혼들일 수 있겠지요. 아까 내가 노년의 속도감이란 단순한 느림이나 빠름이 아니라 빨라야 할 때 느리고 느려야 할 때 빠른 것이라 했어요. 우리 삶의 시스템을 장악한 이 노년의 속도 벡터는 삶과 꿈 사이를 여유롭게 왕복하면서 행복하게 살아야 할 청소년 학생들을 거의 파시스트적 속도경쟁으로 몰아넣고 있지요. 이런 경쟁 시스템이 글로벌 경쟁시대에 어느만큼은 불가피한 측면이 있다 하더라도 그 과정에서 생겨나는 문제들에 대해서는 그런 속도에 준하는 신속하고도 기민한 처방과 해결책이 제시되어야 하는데, 여기에 대해서는 그야말로 '만만디'라는 것이지요.

제가 청소년 학생들에게 주고 싶은 메시지는 '반항의 감수성'을 회복하라는 거예요. 반항이라면 이제 조금 낡고 식상한 언어처럼 들릴지 모르지만, 그런 인상을 털어내고 '반항'의 의미를 되새겨봐야 해요. 청소년들이 저항을 흔히 반항으로 착각하곤 하는데, 저항과 반항은 다르지요. 저항은 정확한 대상에 맞서는 거지요. 일본군에 맞선 독립군의 싸움, 게슈타포에 대한 레지스탕스의 싸움은 저항이죠. 그러나 특정한 타자, 권력, 제도에 대한 싸움이 아니라 자신의 존재를 위한 외부와의 투쟁은 반항이죠.

청소년 여러분에게 '존재를 위한 고민'은 먼 나라의 얘기처럼 들리겠지요. 그것은 영어, 국어, 일반사회나 윤리의 문제에도 출제될 가망이 없는 문제니까요. 그러나 이번 세월호 참사를 청소년들이 이제 이런 물음을 더 이상 어른들의 담론체계 안에 떠넘기고 그 결과만 받아들일 게 아니라는 사실을 생생히 각성시켜줬다고 생각해요.

반항의 감수성을 회복하라고 했는데, 구체적으로 어떻게 하라는 것이냐고 묻는다면 답은 의외로 간단해요. 어느 SNS 채널을 통해 확인한 건데, 어떤 학생이 종이 위에 메모처럼 갈겨쓴 '가만히 있지 않겠다'는 팻말을 본 적이 있어요. 바로 그거지요. 가만히 있지 않는 것, 반항의 감수성이란 이 팻말 문구의 실천을 통해서 얻을 수 있는 거예요. 당장 우리 삶의 시스템, 가령 학교에 다니고, 시험을 치고, 대학에 진학하는 제도 자체에 맞서는 저항보다는 자신의 삶을 돌아보고 그런 삶을 트랙 안에 가둬두는 외부의 총체성에 대해 눈길을 던지는 데서 시작되는 '세상과의 존재론적 불화'로부터 시작해야 한다는 것이지요. 결국 노년의 속도감에 맞서는 반항은 특정한 제도나 형식에 저항하는 것보다 더 힘든 일일 수 있으나, 세월호 이후의 청소년들에게는 반드시 필요한 일이라고 생각해요. 그런 반항의 감수성을 반드시 자신의 존재를 돌아보는 데서 출발해야 하지요.

사실 내가 자라오던 시대는 무엇을 향해 싸워야 할지가 그렇게 복잡한 문제가 아니었어요. 지금은 우리 삶의 국면들이 아주 복잡해졌고 아주 다층적으로 이루어져 있어요. 그러면서 생겨나는 복잡한 문제들이 마치 이것은 이 문제 저것은 저 문제 따로따로 떨어져 있는 것처럼 보이지만 실은 본질적으로 하나로 꿰어져 있죠. 그 문제란 노년의 속도감으로 작동하는 시스템 안에서 결국 불의를 저지르면서 사익을 챙기는 집단과 청년의 속도감으로 그것에 맞서서 분노하고 그러면 안 된다고 외치는 목소리들이 만들어내는 전선이에요. 이제 우리의 역사, 문화사의 어휘

꾸러미 안에 항구적으로 편입될 새로운 메타포로서의 세월호는 이 틈바구니 안에서 끝없이 재생산되는 것이지요.

앞에서도 말했지만 용산 참사나 밀양 송전탑 문제나 쌍용차, 한진 해운 사건 모두 각각의 삶의 현장에서 벌어지는 다른 형태의 세월호들이지요. 어디서나 그런 구원을 안타깝게 기다리는, 그들의 생명을 백척간두의 위기 속으로 몰아넣는 상황에서 지금 침몰해가는 목소리들이 있습니다. 그런데 그 목소리를 구원할 우리들은 언제까지 이런 식으로, 이런 노인의 속도감으로 그 목소리가 마침내 죽음의 깊은 어둠과 침묵 속에서 사라질 때까지 이렇게 우왕좌왕하며 방치할 것인가, 이 단호한 물음 앞에 정직하게 서봐야 한다고 생각해요.

자기 도취에서 자기 성찰로

인디고 | 이런 **복잡하고 거대한 문제를 제대로 판단할 수 있기 위해서**는 어떤 노력이 필요할까요?

이왕주 | 현실에 대한 발언, 참여는 철학의 중요한 사회적 기능이지요. 국내 철학자들 중에서 이런 문제에 대해 나름의 방식으로 예리하게 짚어내는 철학자들이 여럿 있어요. 하지만 내가 앞에서 말했던 내용들과 긴밀하게 연결시킬 수 있는 철학자로서는 김영민이 먼저 머리에 떠오르는군요. 김영민은 우리시대의 스마트폰이 환기시키는 문화사적 맥락에

대해 아주 심도 있는 발언들을 쏟아놓았어요. 나는 김영민의 여러 발언들에 공감하면서 세월호 앞에서 길을 잃은 청소년들에게 두 가지 조언을 던져주고 싶어요.

　첫째는 나르시시즘에서 빠져나오라는 것이지요. 가령 스마트폰과의 관계 같은 것인데, 대부분의 청소년들이 삶을 장악하고 있는 이 새로운 기계는 이제 우리 삶의 4요소로 편입됐다고들 해요. 의, 식, 주, 그리고 폰이라는 거죠. 그런데 어떤 용도로든 스마트폰에 몰입하며 보내는 시간들을 김영민은 '거울의 나르시시즘에 빠지는 시간'이라고 이야기해요. 스마트폰과 자신의 짧은 순환 회로 안에 갇혀 있는 폐쇄 회로는 결국 자기만족의 회로 그 이상이 아니라는 것이지요. 자기에게 필요한 정보만을 찾고, 자기 유익한 것만 활용하고, 끼리끼리만 소통하고, 페이스북이나 밴드 같은 SNS망을 통해 이런저런 채널로 복잡하게 펼치지만 결국 결속돼 있는 네트워크는 동일성의 순환 회로, 익숙한 집단과 익숙한 커뮤니티 집단에만 통용되는 나르시시즘의 순환 회로에 지나지 않는다는 것이지요. 스마트폰이라는 모바일 기기는 결국 우리는 자기 도취 속으로 깊숙이 몰아넣는 일종의 마약입니다. 청소년들이 이런 강고한 순환 회로에서부터 어떻게든 자유롭게 되는 일이 매우 중요하다고 생각해요. 왜냐하면 나르시시즘이란 우리가 성숙한 영혼의 단계로 들어서는 것을 가로막는 숙명적인 장애이기 때문이지요. 자기 도취와 자기 성찰은 양립 불가능한 선택지예요. 스마트폰을 몸에 끼고 살던 고2 학생이 그것 없이 일주일쯤 지내보는 것 같은 힘든 체험은 반드시 소중한 성숙으로 보상 받게 될 거예요. 당연히 청년의 속도감을 회복하는 실마리도 건질 수 있을 거구요.

둘째는 스펙 경쟁의 강박에서 자유로워지는 거예요. 우리 기쁜 젊은 날을 스펙 관리를 위한, 스펙 리스트를 채우기 위한 무한경쟁으로 소모한다는 건 결코 현명한 일이 아닌 듯해요. 빗발치는 열혈 청춘이 자격증 하나 더 따고, 경력 하나 더 추가하는 스펙 확장의 트랙 안으로 내몰린다는 것은 비극적인 일이라 생각해요. 물론 자신이 좋아서 자발적으로 하는 거야 시비를 걸 일이 아니겠지요. 그러나 내가 이해하는 한, 학생들의 경력을 빼꼭히 채워넣는 많은 스펙들은 자신을 좋은 상품으로 만들기 위한 화려한 장식품 같은 것들일 뿐이었어요. 나는 차라리 그런 스펙을 위해 쏟아붓는 시간에 무전여행 같은 것을 떠나보라고 권하고 싶어요. 이 또한 낡은 어휘처럼 들릴지 모르겠지만, 여행은 차나 비행기를 타고 관광지나 경치 좋은 것으로 가는 게 아니라 잠정적으로 익숙한 것들과 총체적으로 결별하는 거예요.

그런 결별은 반드시 우리에게 어떤 형태로든 상처를 주고 그 상처를 우리를 어떤 식으로든 성장시키죠. 젊은 시절 그런 여행에서 그런 방식으로 받는 상처는 어떤 방식으로도 깨우치지 못할 많은 진실들을 깨우치게 한다는 거예요.

결국 두 가지를 다시 요약하자면 스마트폰과 자기 안에서 만들어지는 나르시시즘의 짧은 순환 회로와 내 미래생활을 위해 확장해가는 스펙이라는 이름의 일상성의 좁은 회로. 이 두 회로에 갇혀 있는 젊은 세대들에게 내가 절실하게 하고 싶은 이야기가 있어요. 이 순환 회로를 깨지 못한다면 세월호에서 도망친 선장, 우왕좌왕하며 골든타임을 놓친 해경, 비극의 현장에서 기념촬영하는 관리, 책임을 전가하며 오연하게 버티는 국정책임자, 구조 실패의 문제를 침몰 책임의 문제로 호도하며 권력에 맞장구는 매체 기자들로부터 먼 거리로 떨어져 있지 못할 거라는 것이죠.

인디고 | 그러한 문제들을 깨기 위해서 **우리가 더 해야 하는 것들**이 있을까요?

이왕주 | 소크라테스가 평생 실천했던 것은 반항이었어요. 그는 소피스트들에게 대항했던 게 아니라 소피스트들을 만들어내는 문화와 역사에 대해 존재론적으로 반항했던 거지요. 그의 대화는 반항의 전략이었어요. 이런 소크라테스의 정신을 우리 시대에 구현하는 것은 대화의 방식으로 그저 경청하는 게 아니라 먼저 도발적으로 말을 걸어보는 것이지요. 가령 "아니요"라고 세상에 한번 외치고 그것을 버텨보라고 이야기하고 싶어요. 이것은 사실 소크라테스의 날카로운 비판자로 알려진 철학자 니체가 했던 말이기도 한데, 세상을 향해 "아니요"라고 말하고 구강 구조의 떨리는 소리로 그치는 것이 아니고 "아니요"라고 말하고 "아니요"라는 말을 버텨보는 거예요. 정직하게. 지금 내가 아까 한 순환 회로를 단순히 빠져나오고 일상의 회로에서 빠져나오는 정도가 아니라 세상을 향해서 아니요, 라고 큰 목소리로 외치고 그 "아니요"라고 말한 것을 정직하게 버텨보는 거예요.

자, 정직하게 버틴다는 것이 뭘까요? 그것은 내 살과 뼈로 삶의 현장에서 그 세월호가 벌어지는 삶의 곳곳에 내 살과 뼈를 한번 가까이 대보는 거예요. 우리가 가진 노년의 속도감이 아닌 청년의 속도감으로 그 앞에 공감하던 절규를 온몸으로 받아들이고 그 절규에 내 체중을 실어서 한번 공감해서 구조자의 입장에 서보기도 하고. 우리가 의인까지는 안 된다고 하더라도 최소한 내가 선 자리에서 할 수 있는 세월호의 구조자 역할을 한번 해보는 것. 이것이 바로 "아니요"라고 말해보는 것의 실천 한 예라 할 수 있겠지요. 두 번째로는 내게 친숙한 일상성의 공간을 단 호하게 떠나보는 것. 아까 말한 무전여행 같은 것이 아니라 하더라도 늘 쳇바퀴처럼 도는 일상의 순환을 벗어나서 가끔은 낯선 공간, 낯선 타자들의 삶의 양식에 나를 직접 개입시켜보고 거기서 상처를 받으면서 나를 다른 세계에 눈뜨고 또 삶을 보다 철저하게 음미하고 향수하는 감수성을 키워나가는 것. 이 두 가지가 젊은 청년들에게, 청년처럼 살고 싶은 세대들에게 모두 전하고 싶은 말이에요.

정직과 책임

인디고 | 세월호 참사에 책임을 지고 정홍원 국무총리가 사퇴를 선언했었는데요. 이마저도 물거품이 되었지만 말입니다. 저는 그것이 진정으로 책임지는 태도라고 느껴지지 않았습니다. 사실 비단 정홍원 총리가 아니더라도 이 사건에 책임이 있다고 느끼는 기성세대나 앞으로 또 이 세계를 살아가면서 책임져야 할 청년세대들에 있어서 **이 세계의 문제에 대해 진정으로 책임진다는 것이 어떤 것**이라고 생각하시는지요?

이왕주 | 정직하지 않으면 절대 책임질 수 없습니다. 내가 책임지겠다고 말하면서 자리나 물러나는 것, 흔히 권력자들은 그것이 책임지는 방식이라고 생각해요. 그러니 자의 반 타의 반으로 옷벗는 권력자들의 사임의 변이 언제나 화려한 언어들로 채워지는 건 그 때문이에요. 스캔들에 휘말려 국세청장의 자리에서 떠나는 어떤 인물은 "표표히 떠나겠다"는 시적이고 낭만적인 어휘를 남기며 떠났는데. 이러한 방식은 절대 책임지는 것이 아니에요. 이 모든 행태들은 정확히 이야기하자면 비겁하게 도피하는 거예요.

파우스트는 자신이 악마와의 계약에 대해 책임졌기 때문에, 그리고 그 계약의 모든 결과에 책임을 온전히 떠맡았기 때문에 구원을 얻었던 거죠. 비록 그가 세속적인 척도로 보자면 너무나 끔찍한 죄들을 저질렀지만, 그럼에도 불구하고 신은 파우스트의 영혼은 구원받기에 합당한 영혼으로 받아들였어요. 책임지는 그 행보가 아름다웠기 때문이에요.

나는 정홍원 총리의 사퇴발표는 나름의 깊은 계산 끝에 내린 가장 합리적인 선택이라 생각해요. 그러나 그 선택이 곧 책임짐의 의미는 아니겠지요. 그런 식으로 이 사태 발생에서 중대한 의사결정권자의 책임이 소멸될 수 없다는 거예요. 책임진다는 것은 우선은 유족들에게 진심으로 용서를 구하고, 이 문제가 초동 대처만 잘 이뤄졌더라면 구할 수 있었던 수백 명의 존귀한 생명들을 구하지 못한 이 사태의 시종을 투명하게 밝히는 것입니다. 그리고 다음으로는 이 세월호가 침몰될 수밖에 없었던 원인들을 밝히고, 처벌해야 할 자들, 배상해야 할 자들을 법에 따라 처벌하고 배상하게 하는 등 다급한 현안들을 온몸을 던져서 해결하는 것이

'책임진다'는 말의 진정한 의미이겠지요.

그러려면 그가 설사 있으나 마나 한 존재라도 그래도 있는 것이 더 낫고 현재 국무총리라는 허수아비 직분이라 하더라도 유지하는 게 더 나은 거예요. 서둘러 '물러나겠다'고 말함으로써 당장에 가장 중요한 콘트롤 타워에 권력 누수를 만들어내는 행위는 결코 현명한 처사가 아니겠지요. 책임진다는 것은 말없이 자기가 할 바를 자신의 양심이 비춰서 결단한 다음 소리 없이 들키지 않게 하는 거예요. 그게 책임지는 거예요. 만약 정말 물러날 생각이 있다면 지금은 현직 총리로서 사태수습에 매진하고 때가 되어 조용히 물러서면 되는 거겠죠. 그렇게 책임지는 모습을 보이고 대강 정리된 다음에 조용히 대통령한테 편지 한 장 쓰고 조용히 물러나면 되는 거 아닌가요.

정홍원 총리가 사퇴를 위해 긴급 발표했을 때 내 시야를 가장 거북하게 만들었던 것은 플래시 터지는 모습이었어요. 도대체 무슨 스타가 나타났기에 그렇게 플래시가 터지는지. 그건 책임지는 쇼를 연출한 거라 생각해요. 아는 사람들은 오히려 그 연출에 분노하겠지요. 지금 연출이나 할 때냐 하고요. 정말 책임진다는 것은 그런 게 아니거든요. 남이 알아주든 안 알아주든 자기가 해야 할 바를 말없이 하는 것이지요. 정말 책임지고 싶다면 그렇게 기자회견할 시간에 다이빙벨 사건에 대해 서로 갈등하는 현장에서 피해자 가족들과 머리를 맞대고 고민하는 게 더 낫지 않았나요. 그렇기 때문에 책임진다는 것은 정직함이 없으면 안 돼요. 내면의 정직함. 자기가 자신에 대해서 정직하지 않으면 절대로 책임질 수 없어요. 책임진다는 것은 결국 그 사태의 무게를 내 어깨에 짊어진다는 것을 뜻하니까요. 그게 책임이죠. 말로 요란하게 사임 선언한다고 하는 게 책임지는 게 아니에요. 그것은 비겁한 도피일 뿐이죠.

청년의 속도감으로 무장한 청춘들도 예외가 아니에요. 책임지기 위해서는 물러설 게 아니라 들어서야 해요.

인디고 | 저희는 또한 MBC 사장이 임직원들에게 보낸 메일을 보면서 아주 분노하기도 했었어요. 그 메일이 어떤 내용이었냐면 이번에 세월호 참사를 보도하는데 있어서 보도를 참 잘했다, 이 시기를 잘 넘겼다, 예전에 '효순이 미선이 사건' 때는 〈PD수첩〉이나 다른 진보적인 성향의 언론들이 너무 깊게 파서 국민들을 선동한 것이 아닌가 하고 생각했었는데 이번 사태는 조용하게 언론으로서의 역할을 잘했다는 것이었죠. 언론의 역할은 사람들이 볼 수 없는 진실을 알리는 것이라고 생각하는데 그것과 너무나 모순되는 발언을 주요 언론사의 수장이 전체 임직원들에게 했다는 것에 절망을 느꼈습니다. 지금과 같은 상황에서 **언론의 진정한 역할은 무엇**일까요?

이왕주 | 우리가 언론매체 수장의 일거수일투족에까지 관심을 갖는 것은 그가 영향력을 행사할 수밖에 없는 언론매체가 우리에게 미치는 영향력이 막강하기 때문이겠죠. 물론 그것은 MBC 집단 전체의 의사도 아니고 사장 개인의 의견이기는 하지만, MBC가 보도하는 큰 방향을 예측할 수 있다는 점에서 그 또한 간과하기 어려운 사실이겠네요.

이번 매체들의 보도 방향을 접하면서 두 가지를 의도적으로 혼동시키려는 의지가 개입해 있다는 생각이 들었어요. 이 참사의 '가까울 근 자' 근인近因과 '멀 원 자' 원인遠因의 혼동이지요. 지금 이 사태의 핵심은 구할 수 있는 생명을 구하지 못한 지금의 구조 시스템에 대한 정확한 사실 확인이지요. 이것을 밝히는 근인 해명이 우선이에요. 그런데 매체의 보도는 '멀 원 자' 원인 규명에 상당 부분을 할애하면서 의도적으로 초점을 흐려놓고 있어요. 이 상황에서 지금 당장은 왜 침몰했느냐가 핵심이 아니에요. 왜 구조하지 못했느냐가 핵심이죠. 그리고 이것부터 밝히고 다음은 왜 침몰했느냐로 나아가야 해요. 그런데 왜 침몰했느냐가 화급한 문제인 양 몰아붙이면서 선장과 유병언 일가 등을 공분의 타깃으로 만드는 일에 열을 올리고 있는 듯해요. 물론 그것도 밝혀야 할 중요한 사항이기는 하겠지요. 그러나 우선순위화하는 일에서 '왜 할 수도 있었던 구조를 하지 못했느냐?'를 밝히는 일에 앞설 수는 없겠지요.

나는 JTBC의 손석희 앵커가 팽목항에서 현장 중계하는 것을 인상적으로 시청했어요. 내 개인적인 생각이지만 손석희 앵커는 비교적 객관적이고 균형감 있는 감각으로 보도하는 느낌을 받았어요. 또 여러 의문 사항들에 대해 상당한 디테일들의 정보를 전해주어서 때로는 감동을 받기도 했고요. 일부 시청자들은 너무 정감에 호소한다는 비판도 하던데, 나로서는 어쨌든 그나마 가장 객관적이고 정확한 정보를 시청자들에게 전달하기 위해 애쓰는 매체로 보였어요. 언젠가 JTBC의 손석희 앵커는 메인뉴스로 시신으로 발견된 단원고 학생 아버지와의 인터뷰를 내보냈는데, 메인 뉴스 들머리에 5분 이상의 긴 시간을 보여준 그 아버지의 얼굴은 차마 눈물 없이는 쳐다볼 수 없었지요. 그 눈물과 안면근육의 떨림에서 힘겹게 토해내는 목소리에서 나는 우리 시대가 지닌 모든 슬픔과 고통의 집약체를 그 얼굴이라는 텍스트를 통해서 온몸으로 접하는 느낌이었어요. 나도 울었어요.

도덕적 양심, 도덕적 감수성

인디고 | 세월호 사건 이후 추진되고 있는 '세월호 특별법'을 포함하여 정부도 전면적인 국가개혁의 필요성을 인정하는 등 설령 표면적이라 할지라도 다양한 차원의 구조적 변화의 노력이 진행되고 있습니다. 하지만 그에 비해 우리 개개인의 윤리적인 성찰에 대한 목소리는 공개적으로 충분히 이루어지지 않다고 생각되는데요. 선생님께서는 대학에서 윤리 교육학을 가르치시는데, 그렇다면 한 인간의 의식 속에 공동체가 강요하는 공동체적 도덕과는 다른, **보편적인 인간적 윤리나 양심은 어떻게 발현**될 수 있을까요?

이왕주 | 우선은 다소간 전문적인 논의를 끌어들일 수밖에 없는 문제인데요, 소위 공동체주의와 자유주의 사이에 벌어지는 첨예한 윤리적 대립이지요. 국민행복 시대를 열겠다고 호언하며 출범한 박근혜 정부 2년차 벽두부터 우리 사회를 뿌리에서부터 흔들어놓은 마우나 리조트 참사나 세월호 참사 등은 우선 그 겉모양이 공동체의 윤리문제로 보일 거예요.

말하자면 권력집단 혹은 실행집단 공동체의 비윤리성이 다른 시민이

나 이해집단 공동체를 희생과 고통으로 내모는 그런 참사를 낳았다는 식이지요. 틀린 것은 아니지만 이런 시각이 곧잘 저지르는 오류가 있어요. 공동체의 윤리의식이라는 게 무슨 실체처럼 존재한다는 믿음이지요.

독일 철학자 칸트가 이런 대목에서 우리에게 크게 일깨워주는 게 있어요. 공동체의 지평에서든 사적 영역에서든 도덕 윤리는 전적으로 개인의 도덕적 양심에서 판결나는 문제라는 것이지요. 칸트의 입장에서 보면 세월호 참사의 경우, 이준석 선장의 파렴치한 행위에 대해 맹폭하듯이 비난했던 세간 여론의 잣대가 사실은 모든 관련 책임자들에게 똑같이 적용됐어야 하는 것이지요. 침몰하는 세월호의 선장 이준석 씨에게 구조의 실패를 묻는 것보다 사실은 더 가혹하게 세월호 바깥의 구조 책임자 각각에게 그 도덕적 책임을 물어야 하는 거예요. 그러나 그때 묻는 방식이 해경, 청와대, 행안부, 언딘 등 집단에게 묻는 방식이어서는 안 된다는 것이지요.

가령 박근혜 씨, 김기춘 씨, 해양경찰청장으로 발령 받고 근무하는 김석균 씨, 당시 행안부 장관직을 수행하고 있었던 강병규 씨 등이 책임을 떠안아야 할 주체들이지요. 이 점에서 윤리적 · 도덕적 책임을 묻는다는 것은 법률적 책임을 묻는 방식과는 달라요. 왜 그래야 하지요? 역시 칸트가 답해주고 있는 것이지만, 법률적 책임을 추구하는 것의 한계는 실체가 아니라 껍데기, 진실이 아니라 사실에만 머물기 때문이라는 거예요. 그러니 제대로 방향을 잡고 윤리적으로 맹렬한 비난을 쏟아부어야 한다면 그것은 이준석에 대해서만이 아니지요. 더 가열찬 목소리로 당시 구조 책임을 맡는 지위에 있었던 사람들 각각을 자연인 아무개, 아무개로서 비난해야 하는 거예요.

지금 질문한 인간의 보편적인 인간적 윤리, 양심도 이런 맥락에서 살펴봐야겠지요. 기독교 윤리나 칸트 윤리, 그리고 동북아의 전통적인 유가 윤리도 예외 없이 인간의 판단과 행동에 따르는 도덕적 책임은 언제나 그 판단과 행동의 출발지인 '도덕적 판단의 주체' 개인에게 무겁게 지우고 있어요.

책임의 문제만 대두되면 책임 주체인 자연인 아무개는 온데간데없이 사라지고 공동체의 공인 아무개가 등장하면서 이런저런 명분으로 책임 문제를 흐려놓는 이 한심한 작태가 연출되곤 하지요. 이번 사태의 경우 그런 극적인 경우 하나가 바로 청와대에서 일하는 사람이었던 김장수 씨가 당시 뱉어낸 발언 '청와대는 콘트롤 타워가 아니다'일 겁니다. 빛나는 청춘이 대부분인 한국인들 수백 명이 속절없이 수장된 참사 앞에서 오직 대통령이나 비서실장 등 몇몇 사람들만, 사실상 모든 책임을 절대적으로 무한적으로 책임져야 할 이들을 그 책임라인에서 빼내려는 이 사람의 안중에 국민 같은 건 없었던 거지요.

우리는 윤리 · 도덕적 문제 앞에서 '우리'라는 복수부정인칭 대명사에서 결연히 빠져나오는 도덕적 감수성을 회복해야 해요. 예를 들어 '우리가 남이가!' 라는 식의 저 무책임한 공동체의 방어진지에서 벗어나서 양심 앞에, 신 앞에 홀로 서는 용기를 되찾아야 한다는 것이지요. 쉽지 않겠지만, 우리가 이해관계로만 얽힌 채 약육강식의 싸움판에 내몰린 금수로 머물지 않으려면 이것은 인간으로 '해야 하기 때문에 할 수 있는' 무상명령이지요.

새롭게 탄생하는 세대에게 우리가 가장 먼저 주문하고 요구하는 것도 바로 이런 윤리적 감수성일 겁니다. 이게 특별히 새로운 건 아니에요. 이를테면 동양의 고전 『대학』에서 유가윤리의 핵심으로 강조했던 '신독懷獨'도 이 문제를 건드리고 있는데 '홀로 있을 때, 스스로 삼갈 줄 안다'는 것은 양심과 자신의 관계를 늘 예민하게 정립한다는 것이지요.

상처받기를 두려워하지 말라

인디고 | 마지막으로 **지금 이 시대를 살아가야 할 청년들에게** 당부하고 싶은 말씀을 해주시면 좋겠습니다.

이왕주 | 우리 시대의 희망인 젊은 청춘들, 순수한 영혼인 젊은 여러분들, 여러분들에게 내가 꼭 이 한마디를 들려주고 싶군요. 여러분, 지금의 그 뛰는 가슴과 흐르는 피의 싱그러운 육체를 가졌을 때 상처받기를 두려워해서는 안 된다는 거예요. 상처는 정직하지요. 이것만이 우리를 흔들어 깨우고 도약하고 성취하게 만듭니다. 성숙하게 만들어준다는 거죠. 여러분의 여린 살은 그냥 세월 속에서 굳어져가게 있는 신체의 일부가 아니에요. 그것으로 세상의 모든 단층들에 접점을 만들고, 그 과정에서 쉬 상처를 받으라고 있는 거예요. 그 상처는 상서로운 것이지요. 슬프고 고통스럽고, 귀찮고, 골치 아픈 상황들, 그 흙탕물이 튀지 않게 몸을 꽁꽁 옷 속에 감추고 있는 청년들의 이기적인 무관심이나 보신주의가 또

다른 세월호 참사를 불러들이는 원인이 될 수도 있어요.

여러분들은 그 싱그러운 육체를 가졌을 때 해야 할 고유한 사명이 있습니다. 그것은 이 싱그러운 몸으로 그 불의의 현장에서 상처를 받는 거예요. 그 상처는 곧 치유되고 흔적이 남을 거예요. 그것이 여러분의 삶에서 앞으로 자랑스러워하게 될 명예로운 훈장이에요. 상급자가 주거나 권력자가 주는 메달이나 상장, 상금 그런 것보다 여러분이 살과 뼈로 그 싱그러운 몸에 남긴 상처, 그 상흔이야말로 진정 위대한 훈장이지요. 그 훈장을 자랑스럽게 생각하며 살아갈 여러분의 삶을 위해서 나는 이 한마디를 꼭 하고 싶어요. "상처받기를 두려워하지 말라."

5

양심과 정의를 믿고
묵묵히 정진하기 바랍니다

· 이정우 선생님 인터뷰 ·

자본주의에 대한 비판은 오래전부터 계속되어 왔습니다. 생명의 가치를 무시하는 시장의 논리는 오래 지속하지 못할 것이라는 진단은 한 세기 동안 이어져왔지만, 여전히 경제를 우선시하는 정부가 선출되고, 여전히 승자독식의 개발과 성장에 목매다는 사회는 비단 한국만의 현실이 아닙니다. 과연 너무나 견고해서 깨어질 기미를 보이지 않는 자본주의 경제 논리는 언제 어떻게 깨어질 수 있을까요?

대한민국이라는 국가가 하나의 배라고 한다면 경제는 그 국가 구성원들의 삶의 방향을 결정짓는 조타와도 같은 역할을 합니다. 세월호 참사가 자본의 논리에 길들여진 우리 시대의 참혹한 결과임을 모르는 사람은 없습니다. 가라앉는 배에서 혼자 내빼듯 도망친 선장과는 달리 이 배가 향할 곳을 책임질 사람을 우리는 만나야 했습니다. 참여정부 시절에 국가정책실장으로서 직접 조타수의 역할을 하며 '약자를 위한 경제학'을 끊임없이 말씀하시는 이정우 선생님을 만난 것은 그러한 점에서 매우 뜻깊었습니다.

이정우 선생님과의 대화는 경제와 교육에 대한 것이었는데, 우리 삶을 결정짓는 아주 커다란 두 분야는 결국 어떤 가치를 추구하는 방향으로 공동체의 이끌어나갈 것인가 하는 근본적인 물음에서 맞닿아 있었습니다. 세월호 참사도 결국 우리 사회가 추구하는 큰 방향이 잘못되어 누적된 결과들이 모여 불러온 사건이었기에, 그 방향에 대해 치열하게 고민하고 옳다고 믿는 쪽으로 우리 사회와 삶의 내용을 이끌어 가는 것이 살아남은 자들의 책임일 것입니다. 우리가 나가야 할 옳은 방향은 결국 인간의 양심과 정의를 믿고 약자의 편에 서서 힘겹지만 필요한 변화를 스스로 만들어나가는 것 아닐까요?

함장은 마지막으로 떠나는 사람이어야 한다

인디고 | 아직 완결된 사건이 아니기 때문에 섣불리 이야기를 하기가 조심스럽지만, 시간이 지날수록 이번 사건이 우연한 사고가 아닌, 우리 사회의 구조적 병폐가 낳은 인재라는 정황들이 드러나고 있는데요. 이번 참사는 효율만을 쫓는 **자본의 탐욕과 그것과 결탁한 부패한 정치권력, 그리고 그러한 탐욕의 고리를 이미 내면화한 우리 안의 가치 체계**가 근본적으

로 변화하지 않으면 언제라도 다시 일어날 수 있는 그런 사건이라고 생각합니다.

이정우 | 저에게 인터뷰 요청하는 편지에서 존 러스킨의 『나중에 온 이 사람에게도』를 읽었다고 씌어 있었습니다. 저는 그 책을 안 읽어봤었거든요. 그래서 메일을 받고 급히 도서관에서 빌려 읽었어요. 경제학자들은 그 책 잘 안 읽습니다. 솔직히 그런 책이 있는 줄도 몰랐어요. 경제학자들은 러스킨을 경제학자로 분류하지 않고 미술비평가라고 봅니다. 제가 평생 경제학을 했지만 러스킨이 경제학 책을 쓴 줄도 몰랐어요.

그런데 막상 읽어보니까 재밌는 고전이었고, 처음부터 끝까지 아름다운 문학적 표현이 넘치는 그런 책이었습니다. 제가 고전을 높이 평가하고 좋아하는 이유가 읽고 나면 요즘 유명하다는 책에서 느낄 수 없는 그런 깊이가 있고, 문학적인 향기가 느껴지기 때문입니다. 그것이 깊은 인상을 남기고 우리의 인생관, 세계관을 형성하는 데 아주 큰 영향력을 끼칩니다. 이 책도 그런 책 중 하나입니다.

기억나는지 모르겠지만 러스킨의 책에 이런 구절이 나와요. "함장은 배가 조난을 당했을 때 마지막으로 떠나는 사람이어야 한다." 여러분, 기억납니까? 아마 이 구절을 무심코 지나갔을 거예요. 저는 세월호 사고가 난 뒤에 읽었으니까 그 말이 그대로 가슴에 콱 박히는 거예요. 그러고 나서 찾아보니 함장과 선원은 승객들을 끝까지 보호하고 마지막에 배를 떠나야 한다는 원칙이 있더라고요. 영어로 '버큰헤드Birkenhead의 원칙'이라고 부릅니다.

버큰헤드라는 배가 있었는데, 이 배가 1852년에 아프리카에 가다가 조난을 당했습니다. 그때 선장이 알렉산더 세튼이라는 사람이었는데, 이 사람이 한 행동이 버큰헤드의 원칙을 확립하게 된 계기가 되었습니다. 이 사건은 자칫하면 그냥 묻힐 뻔했는데 몇 년 뒤 출판된 새무얼 스마일즈의 『자조론』^{Self-Help, 1859}이라는 책에 소개됨으로써 널리 세상에 알려지게 됐습니다.

"1852년 2월 27일 아프리카 해안에서 버큰헤드 호가 침몰한 사건은 어느 시대에도 자랑스러워할 만한 19세기·평범한 사람들의 기사도 정신을 보여준 잊지 못할 사례다. 당시 그 배는 472명의 남성과 166명의 부녀자와 아이들을 태우고 아프리카 해안선을 따라 항해 중이었다. 남자들은 케이프에 주둔 중인 여러 연대에 소속된 군인들로서 대부분 군대 경험이 짧은 신병들이었다. 그런데 새벽 2시쯤 모두 잠든 사이에 배 밑바닥이 암초에 부딪혀 배가 침몰하기 시작했다." 이때 선장인 알렉산더 세튼 대령이 신병들을 전부 갑판에 모아서 도열시켜 차렷 자세로 서 있게 합니다.

배에는 구명보트가 3개 있었는데 불과 180명밖에 못 태우는 숫자였습니다. 그래서 부녀자 166명을 거기에 태웁니다. 그리고 군인들은 한 명도 타서는 안 된다며 부동자세로 서 있으라고 명령을 내립니다. 배는 침몰하고 구명보트 세 개는 166명의 부녀자들을 태운 채 배를 떠나요. 그리고 세튼 대령의 명령을 받은 군인들은 부동자세로 서서 떠나는 구명보트를 향해서 경례를 붙이고 배와 같이 바다에 빠져서 거의 다 죽었습니다. 이것이 버큰헤드 사건입니다.

그런데 이번에 한국 선장과 선원은 어떻게 해서 버큰헤드와 전혀 상반되는 행동을 했는가? 여기에 대해서 우리가 깊이 책임을 묻고 반성해야 할 것 같습니다. 세계 보편의 선원들의 행동 규범이라는 것이 있는데 세월호 선원들은 거기에 상반되는 행동을 한 것이죠. 그래서 외국 사람들이 이것을 도저히 이해 못할 것 같아요.

과거 역사를 보면 백성들을 버리고 자기 혼자 먼저 도망간 왕이 한 명 있었습니다. 선조. 임진왜란 때, 제일 먼저 도망갔어요. 신하들이 "아직 괜찮습니다. 서울을 지켜야 합니다"라며 말렸는데 "안 된다" 하면서 얼른 도망갔어요. 의주까지 갔습니다. 의주라는 곳이 지금의 신의주인데요, 압록강 가까이까지 도망갔습니다. 그런데 선조가 거기서도 불안해서 또 더 멀리 도망가려고 합니다. 압록강 건너 요동 지방으로, 즉, 중국으로 건너가겠다고 했습니다. 신하들이 또 말려서 결국 주저앉았습니다. "거기 가면 우리 사직이 끝나는 겁니다. 절대로 안 됩니다" 하며 신하들이 목숨을 걸고 상소를 올려 반대해서 겨우 주저앉힌 임금이 선조입니다. 경상도 말로 하면 정말 "쪼다 중의 쪼다"죠. 그런 왕이 왕이라고 앉아 있었습니다.

그보다는 훨씬 최근에 와선 한국전쟁 때 이승만 대통령이 자기 혼자 살려고 먼저 도망을 갔습니다. 자기는 서울에 있다고 거짓 방송을 하면서 제일 먼저 도망갔어요. 도망을 가면서 한강 인도교를 폭파했는데, 북한의 탱크가 빨리 내려오는 것을 막기 위한 것이었다고는 하지만, 그걸 예고도 없이 새벽 2시에 폭파하는 바람에 한강 다리를 건너서 피난을 가던 피난민들이 많이 죽었습니다. 800명이 폭사했어요. 왜 우리는 버큰헤드 때와 같은 지도층의 기사도 정신, 이런 것은 참으로 보기가 힘들고 이렇게 비겁하게 자기 혼자만 살려는 이런 용렬한 지도층만 자꾸 보게 되는가 말이죠.

저는 이번에 희생된 학생들이 너무나 안타깝지만, 천국에 가서 평화롭게 쉴 것이라 믿습니다. 저는 종교를 가진 신자가 아닙니다. 『스베덴보리의 위대한 선물』이라는 책이 있는데요. 스베덴보리는 18세기에 뉴턴과 쌍벽을 이루던 스웨덴의 위대한 과학자입니다. 그런데 이 사람이 언젠가부터 갑자기 과학 연구를 그만두고 이상한 소리를 하고 다닙니다. 천국에 갔다 왔다고 말이지요. 스웨덴 여왕이 과학자가 헛소리를 하고 다닌다고 생각해서 스베덴보리를 불러 질책을 했습니다. 하지만 스베덴보리는 천국을 여러 번 다녀왔다고 확신에 차서 말합니다. 그리고 여왕이 보는 눈앞에서 천국에 다녀오고 그가 다녀왔다는 사실을 증명해 보입니다.

저도 그 책을 읽고서 천국과 지옥의 존재를 믿게 되었어요. 스베덴보리는 자기가 목격한 지옥과 천국을 자세히 묘사합니다. 종교를 믿느냐안 믿느냐 하는 것과는 무관하게 나쁜 짓을 많이 한 사람은 지옥에 가고, 착한 일을 많이 한 사람은 천국에 간다고 합니다. 그래서 천국에는 주로어린 아이들이 많답니다. 세월호로 희생된 고등학생들은 그래도 다들 천국에 갔겠구나, 하고 위안을 삼아봅니다.

영혼을 가진 존재, 인간

인디고 | 천국에 갔겠구나, 그 말이 뜨겁게 느껴집니다. 부디 평안히 쉬길 진심을 다해 바라봅니다.

선생님의 책 『약자를 위한 경제학』을 읽으며 경제논리에 대해서 다시 생각하게 됩니다. 결국 세월호를 가라앉게 만든 최초 원인 제공은 낡은 배를 수리하지도 않고, 잘 훈련된 전문 인력을 고용하지도 않고, 적재량보다 더 많은 양의 화물을 억지로 실었던 '최대 이익 창출'이라는 경제논리였습니다. 이는 시장논리에 근거한 자본주의의 폐해일 텐데, 이에 대한 비판은 계속되고 있으나 쉽게 깨어지지 않고 있습니다. 과연 **약자를 위한 경제학은 존재할 수 있는 것**일까요?

이정우 | 저의 책 『약자를 위한 경제학』을 펴내며, 제목을 뭐로 할까, 생각해보니 대체로 제가 쓴 글의 논조가 약자를 편들고 강자를 성토하고 비판하는 내용이 많았습니다. 주로 미국, 부자, 대기업의 횡포를 비판하고 약자들, 빈자들, 노동자들 그리고 약소국을 옹호하는 내용이 거의 대부분이어서 저도 놀랐는데요. 이 중에서 저에게 특별히 애착이 가는 글이 있다면 세 번째로 수록된 칼럼인 〈종신고용의 위기와 살아남은 자의 슬픔〉이라는 글입니다.

종신고용이라는 것이 과거 일본의 트레이드 마크였어요. 우리나라도 과거 일본의 영향을 받아서 그랬습니다. 그런데 언젠가부터 그런 관행이 완전히 바뀌어서 종신고용이 무너지고 있습니다. 사람을 채용하는 것을 마치 성냥개비 쓰고 버리듯이 하고 있습니다. 과연 사람을 이렇게 쓰고 버리는 것이 옳은 것일까요? 종신고용이 문제가 굉장히 많은 비능률적인 것처럼 말하고 일본경제가 그것 때문에 굉장히 침체된 것처럼 비판을 많이 하며 그래서 우리도 비정규직, 기간제 일자리가 늘어나면서 성냥개비처럼 사람을 쓰고 버리는 식으로 자꾸 바뀌고 있습니다. 얼핏 보면 그것이 인건비도 싸고 기업 측에 많이 유리할 것 같죠? 그래서 기업들이 자꾸 그렇게 하는 겁니다.

그러나 그것은 하나만 보고 둘은 보지 못한 것입니다. 장기적으로 보면 그것이 회사에 조금도 유리하지 않다는 것이죠. 실제로 감원을 많이 하고 구조조정을 해서 막 잘라내는 회사일수록 살아남은 사람들이 심리적으로 심각하게 갈등을 겪습니다. 미안하기 때문입니다. 어제까지만 해도 내 옆의 동료였는데 이 사람은 잘렸고 나는 살아남았다는 거예요. 그러면 살아남은 사람이 또 잘릴지 모르니까 더 열심히 할 것 같죠? 그런데 그게 아니란 말입니다. 살아남은 자들이 동료에 대해 미안한 생각이 생기고 너무 고민이 되어 일이 손에 잘 안 잡히고, 퇴근해서 술을 더 많이 마시게 되고, 정신적으로 방황하고, 스트레스를 엄청나게 받고, 그렇게 해서 생산성이 떨어진다는 겁니다. 이것이 미국식 고용 관행인데, 여기에 문제가 많다는 것이 여러 연구에서 밝혀지고 있다는 것이죠. 그래서 오히려 인간 존중의 경영이 장기적으로 봤을 때 더 회사에 도움이 되고 생산성이 높다는 것입니다. 이 글에 브레히트의 시 구절을 인용해놓았습니다.

물론 나는 알고 있다. 오직 운이 좋았던 덕택에

나는 그 많은 친구들보다 오래 살아남았다.

그러나 지난밤 꿈속에서

이 친구들이 나에 대해 이야기하는 소리가 들려왔다.

"강한 자는 살아남는다."

그러자 나는 내 자신이 미워졌다.

이것이 베르톨트 브레히트가 쓴 「살아남은 자의 슬픔」이라는 시입니다. 이번에 읽은 존 러스킨의 책에도 그런 대목이 나옵니다. 그래서 제가 고전의 위대함을 다시 느꼈는데요. 러스킨의 책에 보면 "인간은 기계가 아니다. 인간은 영혼이 있는 특수한 기계다. 거기에는 애정이라는 연료를 필요로 한다"라는 말이 나옵니다.

그러니까 이것이 미국식 경영철학과 인간 존중의 철학의 차이입니다. 인간을 그저 기계로 본다면 구조조정을 하면 생산성이 높아질 것 같지만 그런 게 아니라는 거죠. 이렇게 해서 반쯤 잘라버리면 살아남은 절반은 동료에 대한 미안함 때문에 더 움츠러들고 심지어 정신병을 호소하는 지경까지 된다는 것. 이것이 인간이 영혼을 가진 존재이기 때문에 그렇다는 거죠. 러스킨은 이미 19세기에 이미 간파하고 있었고, 그것을 모르는 사람들은 100년이 지나서도 사람을 자르는 것이 능사라고 생각하는데 사실은 그런 생각이 틀렸다는 것입니다.

인디고 | **살아남은 자의 슬픔**이라는 말만큼 오늘날 우리가 겪는 감정을

잘 표현할 수 있을까 생각합니다. 세월호에서 살아남은 사람들뿐만 아니라 지금 이 참사를 목격한 대다수가 살아남은 자의 슬픔과 고통을 느끼고 있다고 생각하는데요. 중요한 것은, 이를 가장 절박하게 느끼고 해결할 방법을 강구해야 할 권력을 쥐고 있는 사람들은 정작 무감한 것 같아 보인다는 점입니다. 이들을 보면 치밀어 오르는 화가 느껴지기도 합니다.

이정우 ｜ 저도 마찬가지입니다 하루에도 몇 번씩 뉴스를 들어보는데, 아이를 잃은 부모님들 심정은 어떻겠어요. 그런데 정부의 대처를 보면 참 안이합니다. 자기한테 책임이 돌아오는 것을 피하는 수건 돌리기를 하는 느낌이 많이 듭니다. 저도 10년 전 청와대에서 2년 반을 일한 적이 있습니다. 그때 모든 부처의 업무를 다 들여다봤지요. 우리나라 공무원들이 대단히 유능하고 헌신적입니다. 바쁠 때는 심지어 일요일에도 나와서 일해요. 그 정도로 맡은 바에 헌신적입니다. 또 아는 것도 많고 전문적이지요. 매뉴얼이 잘 되어 있어서 클릭만 하면 대답이 툭툭 나오는 것처럼 느껴집니다.

그런데 문제는 매뉴얼에 없는 것에는 전혀 속수무책이라는 것입니다. 그래서 내 임기 중에 사고가 생기지 않도록 하는 것이 가장 큰 목표입니다. 만에 하나 사고가 생기더라도 최선을 다해서 책임을 회피하지요. 그래선 안 되지만 우리나라 공무원들이 대개 그렇습니다. 그것보다 내가 나라를 위해 무엇을 할 것인가 생각하면 목표가 더 뚜렷하고 클 텐데요. 그런 지점에서 헌신적으로 자기 몸을 던져서 일하는 공무원이 별로 없습니다. 나 욕먹어도 좋다, 이것으로 끝이어도 좋다고 생각하고 용감하

2부 절망의 시대, 희망의 길을 묻다

게 행동하는 공무원을 많이 보지 못했습니다. 이것이 제가 본 우리나라 공무원의 한계입니다.

인디고ᅵ 선생님 말씀을 들으니 또한 **선택의 문제**가 정말 중요한 것 같습니다. 정부 관료들이나 구조 요원들이 그 상황에서 어떤 대응을 할 것인가도 중요한 선택의 문제였죠. 경제학도 어떻게 하면 돈을 빨리 잘 벌까 하는 이미지가 있지만, 본질적으로는 선택의 문제가 깊이 관여되어 있다고 봅니다. 한정된 자원을 가지고 어떻게 하면 가장 최선의 생산과 분배를 할 것인가 선택하는 것이잖아요? 선생님께서도 오랫동안 경제학 공부를 하고 계신데, 그렇다면 선생님께서는 처음 왜 경제학 공부를 하게 되셨는지, 그리고 이런 선택의 문제에 있어서 **경제학의 근본적인 의미**에 대해 어떻게 생각하시는지 궁금합니다.

이정우ᅵ 제가 고등학교 2학년 때 일반사회 시간에 선생님이 들어오시더니, 칠판에다 '경세제민經世濟民'이라고 쓰셨습니다. 저는 학교에서 장래 희망을 물어보면 집안의 영향으로 어릴 때부터 늘 '판사'라고 적었습니다. 그런데 그 일반사회 시간 이후부터 바뀌었죠. "세상을 다스리고 백성들을 구제하는 것이 경제이고 그것을 공부하는 것이 경제학이다"라는 경세제민으로서의 경제학을 듣는 순간, 온몸에 전기가 통하는 것 같았습니다. '야, 저렇게 멋있는 학문이 있는가! 판사보다 저것이 훨씬 낫겠다' 이렇게 생각을 하고 그 자리에서 바로 판사의 꿈을 버리고, 경제학을 공부하겠다 결심했습니다. 그래서 대학도 경세제민을 공부하기 위해 경제학과로 갔는데, 막상 가보니까 제 기대와는 거리가 멀었습니다. 무슨 수학이며 모델 같은 것을 주로 가르치는 겁니다. 경세제민과 아무 관계가 없는 것들이었지요. 그래서 휴학을 할까, 퇴학을 할까 온갖 고민을 하고 방황을 참 많이 했습니다.

그러다 도움을 얻기 위해 제 고민을 담은 장문의 편지를 아버지에게 보냈습니다. 그러자 답이 오기를 '네 고민이 참 이해가 된다. 그러면 한번 경제학의 고전이라는 것을 읽어봐라' 이렇게 조언을 해주셨습니다. 그래서 제가 독학으로 경제학 고전을 읽기 시작했습니다. 애덤 스미스의 『국부론』, 리카도의 『경제학 원리』, 칼 마르크스의 『자본론』, 마셜의 『경제학 원리』, 케인즈의 『일반이론』 등 경제학의 5대 고전이라 할 만한 것을 혼자 읽었습니다.

그때는 청계천 헌책방에 가면 온갖 책을 살 수 있었거든요. 거기서 경제학 고전을 사서 열심히 읽었습니다. 그러니까 이 책들이 모두 굉장히 재미있는 거예요. '야, 그러면 그렇지. 역시 경제학이 재미있는 거구나' 깨달았습니다. 그때부터 경제학에 흥미를 갖고 공부를 하게 됐습니다. 그 다음부터는 평생 한 번도 흔들림 없이 경제학을 공부해 왔습니다. 그것이 고전의 힘인 것 같습니다.

좋은 책을 많이 읽는 것이 학교에서 가르쳐주는 것과는 많이 다를지라도 정말 중요한 공부입니다. 학교에서는 정말 재미도 없는 것 풀라고만 하고 그것도 할 수 없이 하긴 해야 해요. 그런데 그것 말고 진짜 중요한 공부도 있다는 것이죠. 그때 진짜 고민을 많이 했어요. 대학이란 무엇인가, 인간이란 무엇인가부터 시작해서 온갖 고민을 다 했었어요. 잠도 안 자고, 그런 방황기가 있었죠. 여러분에게도 그런 고민이 꼭 필요하다고 봅니다.

방향이 틀리면 속도는 무의미하다

인디고 | 선생님 책에서 우리나라가 경제 발전을 비약적으로 이루어서 흥청거리는 것 같긴 한데, 잘 살고 있는 건지는 모르겠다는 말씀을 하셨는데요. 그렇다면 **'잘 산다는 것'**은 무엇이라고 생각하시나요?

이정우 | 경제성장은 중요합니다. 모든 나라가 경제성장을 조금이라도 더 하기 위해서 노력하지요. 그렇지만 성장이 꼭 행복을 가져다주는 건 아니거든요. 성장은 하나의 필요조건이지 행복을 위한 충분조건은 아닙니다. 1인당 소득 2만 달러까지는 성장이 행복을 증가시키지만 그 이후에는 소득과 행복은 상관이 없다, 이런 연구도 있습니다.

대표적으로 우리나라를 보면 성장을 많이 했다고 사람들이 더 행복해졌느냐, 하는 질문을 던진다면 그렇지 않은 부분이 굉장히 많죠. 빈부격차 문제도 있고 환경 문제도 있고 교통 문제, 주택 문제, 교육 문제도 있고요. 여러분처럼 늘 학교에서 중간고사, 기말고사, 쪽지시험 등 이렇게 시험을 많이 치고 이 정도로 교육에 대한 압박이 심한 나라는 제가 알기론 지구상에 한국, 일본, 대만이 1, 2, 3등입니다.

그런데 이게 잘하는 거냐? 아니죠. 몇 년 전 TV에서 이런 프로그램이 있었어요. 한국의 고등학교 모습을 아침 일곱 시 교문에서부터 계속 비춥니다. 같은 시간대에 프랑스의 고등학교 하나를 카메라 한 대가 비춥니다. 한국은 일곱 시부터 등교를 시작합니다. 그런데 프랑스는 여덟 시가 넘어도 쥐새끼 하나 없이 조용해요. 여덟 시 반쯤 되니까 꾸역꾸역 어슬렁어슬렁 이렇게 몇 명씩 학생들이 나타나기 시작해요. 농담하고 어깨 툭툭 치면서 이렇게 나타납니다. 한국은 긴장을 한 학생들이 일곱 시부터 대거 몰려들어요. 재미있는 것은 그 다음입니다. 그래서 카메라를 계속 비추는데 아홉 시, 열 시쯤 되니까 프랑스 학생들은 초롱초롱하게 수업 듣고, 열심히 손 들고 토론하고 있는데 한국 학생들은 대부분 엎드려 자고 있어요. 거의 다 자고 있어요. 그런데 과연 이런 식의 공부가 옳은 것일까요?

경제성장도 마찬가지입니다. 세월호 참사도 속도만 내는 사회가 다다른 결과가 아닐까요? 간디가 이런 말을 했어요. '방향이 틀리면 속도는 무의미하다.' 수업을 얼마나 많이 하느냐, 몇 시까지 등교하느냐, 밤 몇 시까지 붙들어놓느냐, 경제성장을 몇 퍼센트 하느냐 이런 것만 중요하게 여기는 사고방식을 우리가 극복하고 폐기해야 합니다. 그러지 않고는 세월호 같은 사건이 끊임없이 발생할 것이기 때문입니다. 우리는 이제 GDP지상주의, 경제성장주의, 속도주의만을 추구하는 것으로부터 벗어나는 것을 목표로 삼아야 합니다.

인디고 | 선생님께서는 청년 고용 문제나 비정규직 문제를 해결하는 복지정책 같은 경우도 실제로 시행될 경우 경제성장에도 도움이 된다는

2부 절망의 시대, 희망의 길을 묻다

견해를 말씀하셨는데요. 그런데 왜 우리 사회에서는 그런 **마땅한 것들이 힘을 얻지 못하고** 이루어지지 못하고 있는가를 여쭤보고 싶습니다. 또, 한 명의 시민으로서 제가 결정할 수 있는 것들이 그리 많지 않다는 것을 최근에 많이 느낍니다. 공동의 결정이 필요한 문제가 있는데 과연 내가 어떻게 참여할 수 있는가 하는 지점에서 굉장히 의문이 들고요. 그런 지점에서 저희 청년들 그리고 청소년들이 무엇을 할 수 있을지에 대해서도 말씀해주시면 좋을 것 같습니다.

이정우 | 네, 대단히 좋은 질문입니다. 왜 옳은 방향은 정해져 있는데 현실적으로 그런 정책이 잘 시행되지 않을까요? 최저임금도 올리고, 복지국가로 가는 것이 맞죠. 그게 포용적 성장이라는 개념이고 몇 년 전부터 여러 나라가 그것을 옳다고 보고 그런 쪽으로 가고 있고요. 그런데 잘 시행이 안 되는 이유는 주로 정치적인 이유입니다. 미국도 민주당이 집권했을 때가 경제성장률이 높습니다. 분배도 잘 되고요. 그런데 공화당이 집권했을 때는 대기업이나 부자들 위주의 정책을 쓰니까 분배가 잘 되지 않습니다. 재미있는 것이 공화당 집권 때는 성장도 더 나빠져요. 민주당 집권기에 성장이 더 좋습니다. 그런 것이 결국 약자를 위한 경제학이 더 옳다는 것이죠. 그러면 민주당이 항상 선거에 이기고, 장기 집권해야 할 것 같은데 그렇지 않죠. 한국은 그런 현상이 미국보다 더 심합니다. 왜 그런지는 역사가 말해줍니다. 인류 수천 년의 역사를 보면 약자를 편드는 사람은 약자고 비주류입니다. 우리나라만 봐도 조선시대 27명이 왕 중에서 세종대왕이나 정조 말고는 거의 없잖아요. 나머지는 전부 특

권층끼리 잘 먹고 잘 살자 이겁니다. 대부분의 대통령도 그렇고요.

그러면 이런 상황에서 젊은이들이 어떻게 해야 하느냐, 엄청 어려운 문제죠. 인류 수천 년의 역사를 보면, 로마시대나 우리나라의 역사나 해방 후 지금까지 돌아가는 것을 보면 참으로 답답합니다. 정말 정의가 승리하고, 약자들이 그래도 숨 쉬면서 살 수 있는 나라를 만들어야 하는데 그게 너무 힘듭니다. 늘 보수가 승리하고 그들이 집권해서 자기들한테 유리한 정책을 쓰거든요.

그렇다고 해서 젊은 사람들이 개혁이고 정의고 다 포기하고 거기에 영합하며 협조해서 갈 것인가. 저는 그래서는 안 된다고 봅니다. 그래도 묵묵히 정의가 승리하고, 성공하는 그런 나라를 만들기 위해서 젊은 사람들이 실력을 닦아야죠. 그래서 멀리 보고 뚜벅뚜벅 참고 실력을 쌓아가면 나중에 언젠가는 선거에서 개혁세력이 이기는 그런 날이 올 겁니다. 인간의 양심과 정의를 믿고 실력을 쌓아가는 것이 대단히 중요합니다.

그런데 최근에 20대의 급격한 보수화 경향, 이것이 굉장히 무섭습니다. 노인들이 보수적인 것은 다른 나라도 그렇습니다. 그런데 최근 한국의 걱정거리는 20대 젊은이들이 꽤 보수화되었다는 겁니다. 제가 강의하는 학생들과 이야기를 해보면 저랑 생각이 달라요. 학생들이 겉으로 보기엔 비슷해도 과거 민주화 운동하던 시대하고는 너무나 달라졌어요. 그래서 깜짝깜짝 놀라고, 이거 참 큰일이로구나 하는 생각이 자주 듭니다. 이럴수록 젊은 학생들이 인간의 양심과 정의를 믿고 묵묵히 실력을 쌓아가야죠.

거기 덧붙여서 제가 마지막으로 하고 싶은 이야기가 또 하나가 있는

데요. 제가 정의하는 진보는 이타주의입니다. 제가 정의하는 보수는 이기주의이고요. 인간은 이기주의와 이타주의를 다 가지고 있는데 그 중 이기주의를 강조하는 쪽은 보수이고 이타주의를 강조하는 사람은 진보입니다. 그런데 진보는 흔히 분열로 망한다는 말이 있습니다. 진보는 아주 조그마한 생각의 차이를 아주 크게 생각해서 서로 논쟁하고 싸우다가 나중에는 서로 원수가 되는 경우가 굉장히 많아요. 제가 그것을 많이 봤기 때문에 여러분께 부탁하고 싶은 것이 있습니다. 우선 앞으로 젊은 이들이 취할 태도가 진보가 되었으면 좋겠습니다. 한국은 여러 가지 역사적인 이유로 진보의 씨가 마른 나라이기 때문에 그 균형을 회복해야 하죠.

우리나라에서 보수는 너무 강해요. 돈도 많고 언론도 잡고 있고 정치도 잡고 있고 다 잡고 있습니다. 그런 세상에서 여러분은 보수에 편들지 말고 진보를 향하되 너무 명분만 내세워서는 안 됩니다. 때로는 명분이 중요하지만 때로는 타협도 할 줄 알아야 합니다. 이게 참 어려운 건데요. 원칙을 지키되 때로는 타협도 하라. 이게 모순된 거잖아요. 그런데 저는 성공하는 사람은 이 모순되는 두 가지를 동시에 할 수 있는 사람이라고 봅니다. 먼저 큰 걸 볼 줄 알아야 하고요, 동시에 작고 세부적이고 아주 기술적인 것까지 챙길 줄 알아야 합니다.

아까 언급한 스마일즈의 『자조론』을 보면 워털루 전투에서 맞붙었던 프랑스의 나폴레옹과 영국의 웰링턴 이야기가 나오는데요. 두 사람의 공통점이 있습니다. 큰 걸 볼 줄 아는 거시적인 안목을 갖되 두 사람 다 아주 세부적인 것에 강했다는 겁니다. 모순된 두 가지를 잘 하는 사람은 정말 드물거든요. 큰 걸 보는 사람은 세부를 잘 모르고 작은 것을 잘 보는 사람은 큰 것을 잘 못 봐요. 그런데 이 두 사람은 모두 거시적 안목을 가지면서도 세부적인 사안도 한 치도 틀리지 않게 처리했다는 겁니다. 이걸 동양사상에서는 '대관세찰'大觀細察이라고 합니다. 그러니까 거시와 미시, 이 모순되는 것을 동시에 할 줄 알아야 한다는 것이죠. 원칙을 지키되 필요할 때는 타협을 할 줄 알아야 합니다. 여러분은 인간의 양심과 정의를 믿고 묵묵히 실력을 쌓아가되 큰 안목과 세부적인 내용을 다 볼 수 있는 그런 큰 그릇이 되기를 바랍니다.

새로운 세대의 탄생

1판 1쇄 펴냄 2014년 8월 13일
1판 2쇄 펴냄 2015년 6월 15일

지은이 인디고 서원

주간 김현숙
편집 변효현, 김주희
디자인 이현정, 전미혜
영업 백국현, 도진호
관리 김옥연

펴낸곳 궁리출판
펴낸이 이갑수

등록 1999. 3. 29. 제300-2004-162호
주소 110-043 서울시 종로구 통인동 31-4 우남빌딩 2층
전화 02-734-6591~3
팩스 02-734-6554
이메일 kungree@kungree.com
홈페이지 www.kungree.com

ISBN 978-89-5820-277-6   03300

값 13,000원